惹き寄せるチカラ

小さな会社の
り、人間主義マーケティング

はじめに

私は毎朝5時少し前に起床し、数分後には散歩を始めます。私が暮らしているのは、北アルプスを望む上高地の入口、長野県松本市です。自宅前のJR松本駅西口に程近い川沿いの道を私は火バサミを片手にカチカチ鳴らしながら、もう片方の手ではレジ袋を持ち、ゴミを拾いながら散歩します。

耳にはブルートゥースのイヤフォーンをつけ、iPhoneでオーディオブックを聞きながらの散歩。オーディオブックは、スタンフォード大学関連の書籍や『7つの習慣』、『嫌われる勇気』とさまざまなジャンルの書籍の朗読を聞きながら1時間、1日約1万歩を歩きます。それと同時にタバコの吸い殻や歩行者が捨てたゴミを拾っています。

すれ違うペット犬を連れた愛犬家に、

「このワンちゃんかわいいね！」

と声をかけます。すると、声をかけたすべての飼い主は嬉しそうに、

「いつもご苦労さまです」

と私に笑顔を返します。そんな私の毎朝の行動です。実はこれが私には、いちばん大切な1日のルーチンなのです。

いまは私も禁煙をしていますが、以前はタバコの吸い殻を拾う側ではなく、捨てる側の人間でした。

人はある意味で、簡単に変われると私は思います。いや、人間は変わるのではなく、本来人間が持つ美しい心を誰でも所有していると私は考えます。したがって、その人間の持つ本能のようなものを心のスペースの底から引き上げるだけだと考えているのです。

ですから、やっかみや恨みなどの醜い思いを心のスペースの底にしまい込み、蓋をすればいいだけのことです。そして、本来、誰もが所有している正しい考え方を浮き上がらせればいいだけなのです。

ですが、私自身、自制心がまだまだ弱いのを痛感します。ほんの少しですが、やらなくてもいいことで悩むことも後悔することもあります。

考え方が行動を変えます。行動が変われば癖（習慣）になります。求めたライフスタイルにおいて正しい習慣ができれば、生活・仕事・遊び・家庭などの見え方が変わります。

私はこの朝の作業を毎朝の習慣にすることで、生活やビジネスでの多くの変化を実感しています。周囲に散らかっているものを片付けて、汚さない癖が身につきました。1日1日をしっかり計画する癖も身につきました。

こういった振る舞いは「仕事ができる」という経営やマーケティングなどの機能面(機能価値)よりも人格の形成に役立ちます。

かくいう私は35年近く機能面のみにフォーカスしてきました。ほかに勝つための機能を高める作業は結果的に自分の心を痛めます。心の底にある本来の美しい心が見えなくなってきます。

また、年齢を重ねると自分より機能面の高い人はどんどん出現します。よって、機能面などの価値は薄れてきます。

一方で、勝負には必ず敗者がいます。勝っても負けても真の幸福感を得ることはできません。

しかし、人間としての存在面(存在価値)を高めると、機能面を強化してアピールするよりも知らず知らずに得られる利益が大きいことを身を持って知りました。加えて、存在面を高めると意識しなくても機能面も向上します。

反対に、機能面だけを高めようとすると失うものが増えます。ゴミを捨てる人も世の中を形成する大切な人だと理解できると、他人を軽蔑するような醜い心を正せるようになりました。

仮に、私がタバコの吸い殻を拾っている前でタバコを捨てた人がいたとして、その人に「タバコを捨てるなよ！」と訴えても、その人は怒りを覚えるだけで、タバコを捨てないようにはならないでしょう。

正しいことを言っても効果があるとはかぎりません。しかし、以前の私は社員や周囲の人に「正しいことを言えばいい」と思っていました。以前は、その行為が逆効果であることを考えることもしませんでした。

ある朝、散歩の中継地点であるコンビニでコーヒーを買おうとレジに並んだら、タバコを購入している中年男性が私の前にいました。この中年男性は年齢認証に不満を持っていたようで、

「私が未成年に見えますか？」

と言っていました。そのとき、私はそんなことに協力もできないで、そのシステムを決めたわけでもない何の関係もないアルバイト店員に怒りを向けるその姿こそが、年齢認証が必要な中年男性で、自立していない未成年者と同じだと感じました。

私は61歳になってはじめて、経済面ではなく精神面で自立を目指しました。言い換えれば「大人になろうとした」のです。

散歩が終わると瞑想を30分、その後、身の回りを整理しながら出勤をします。途中

でガレージに寄り、6台のビンテージトライアルバイクのエンジンを掛けたりもします。オフィスには7時45分頃到着をします。もちろん、私が一番早い出社となります。私は先ほどの約1時間の朝の散歩をアメリカ陸軍特殊部隊「グリーンベレー」の朝の訓練に見立てていますが、この朝の作業を完了することで、私の幸せな1日は始まると考えています。

その理由として、朝の約2時間で、私は一つの作業を達成する充実感を味わうことができます。1日のはじめの成功体験なのです。それによって心が満たされ、「幸せのおすそ分け」ができるようになるのです。

この朝のグリーンベレーの訓練の目的の一つは、「面倒なこと、人の嫌がることを進んで行える人間になりたい」という願いから始まっています。もう一つは、「どうせ歩くのだから……」なのです。

信州松本市の気候は、ニューヨークに似ています。夏暑く冬は積雪こそ滅多にありませんが、寒冷地です。暖かい時期は近所の人々と出くわしますが、冬になると暗く痛いぐらいの風が頬を叩きます。当然すれ違う人もいません。

つまり何が言いたいのかというと、私のこの朝の作業は、自己を承認する作業であり、他人に承認されるために行う作業ではないのです。

すべて自分のための行動なのです。私の行動はいつも一人相撲なのです。自分が価値があると思えれば、他者の承認は不要なのです。そして、私にはほかの人にあまりない価値観やライフスタイルがあります。

当然、ほかの人も大切にしている価値観があるのです。だから、それを尊重することにしています。

周囲の人の価値観を尊重すれば、周囲も私の価値観を尊重してくれます。これが「惹き寄せるチカラ」の基本です。そして、相手に関心を抱けば関係も良好になります。

いま、この書籍をご購入いただき、お読みのあなたには、とても申しわけありませんが、この本を書くのも自己へのチャレンジであり、私自身による私の承認欲求のためとなります。

一人相撲は楽しく生活をするコツです。自分で自分を「良し」とすれば幸せなのです。そして、それらの作業で、「何らかの社会貢献が果たせれば、私が生きている価値はあるのだ」と自分で自分を認めています。

他方で、他人からの承認を求めないように、心のなかで規制を行っています。それができるのも、私の1日のすべての成果が決まるこの朝の作業があるからです。

もちろん、面倒に感じる朝もあります。雨の日も雪の日もあります。ですから、「絶対やる！」「やらなければいけない！」などの気持ちを排除します。

私は自分に優しくすることを大切にしています。「しなくちゃいけない人生」を自分にも他人も押し付けたくありません。

私はちょっと変わった経歴ですが、地方のマーケティングコンサルティングとWeb制作を業《なりわい》としている会社の経営者です。

海外の企業で学んだことや経験したことに重ね、交通事故をきっかけに40歳を過ぎ住み着いた長野県の経営者の方々から教えていただいたこと、さまざまな知見から学んだことを自分なりに分析しています。

それらを含めて、私の最も得意なマーケティングについて、経営者にお伝えしたいと考えました。この本を「小さな会社でも、良い会社をつくりたい！」と願う経営者様に役立っていただけるように願っております。

どうぞ、感想・ご意見などをいただければ幸いです。気楽な雰囲気で「こんな考え方もあるんだ」程度に読んでいただければと思います。

ちなみに、私の考える小さな会社の定義は曖昧です。それは本書を読まれた方が決めればいいことのような気がします。大規模でも「小さなことしかやっていない小さな会社」もあるかもしれません。

さらに、マーケティングという言葉もかなり不明確な言葉です。私は、いまは亡き経営の神様と言われているピーター・ドラッカーに影響されている人間ですから、このマーケティングという言葉を「顧客を見る」とか「顧客の変化に合わせる」と言いたいところですが、「惹き寄せるチカラ」と定義しています。

私は成功者ではありません。そして学者でもありません。クリスチャンでもブッダでもありません。しかし、「ニーバーの祈り」を元に「変えることのできないものを静穏に受け入れる力」を蓄えるための努力を重ねています。変えるべきものを変える勇気が持てるように努力もしています。そして、「それらを判断する賢さ」を備えようとしています。

多くの経営者は、誰もが「良い会社をつくりたい！」と願っているでしょう。しかし、正しく学び、行動力、決断力、実行力が必要です。

そして、正しいことがわかっていても自制心の不足により「アクセルを踏みながらブレーキを踏んだ状態」の経営者に出会います。その方々になにかの気づきを感じてもらえるような一冊であることを目指して本書を書くことを決めました。

目次

第5章　こうしたいを実現しよう

第1章　すべてはここから始まった

私のマーケティングバイブルは『7つの習慣』とアドラー心理学

「はじめに」で述べたように、私は自己の価値観にしたがって生きているので、楽しく毎日が過ごせます。その何気ない毎日の端々に幸せが実感できます。

このように自己の価値観を優先することにより、他人の価値観を認められるようになります。他人の価値観を尊重することにより、他人も自分の価値観を尊重してくれるようになります。そして、幸せを少し蓄えると他人に「おすそ分け」ができるようになります。

もちろん、アドラー心理学でいう「課題の分離」という概念を意識します。『7つの習慣』の理解と実践にも努めます。

そんな私が、それらの学びに加えて、マーケティングを実践してきた経験や海外で学んだこと、さらに長野県内の小さな会社の経営者との出会いにより学ばせていただいたことで得たものが、多くの経営者に知っていただきたいマーケティング的考え方「惹き寄せるチカラ」です。人や仕事を磁石のように引き寄せるチカラを私はそう呼んでいるのです。

私の経営するWeb制作会社・マーケティングコンサルティング会社では、この「惹き寄せるチカラ」を活用しています。弊社には営業担当もいませんし、自ら売り込みもしません。

もちろん、小さな規模なので不要だと言われればそれまでの話ですが、いまの時代に「営業担当から何かを購入する」というイメージは、「売りつけられるか？　断るか？」のような図式になり、もうこのようなシステムはある意味不要だと考えています。

それよりも例えば、「購入前相談係」「アンバサダー」「生活快適アドバイザー」などのような、専門家が商品説明してくれるようなイメージが必要であるように思われます。

つまり、売ることが目的ではなく、ユーザーに喜んでもらうことが目的でなければならないのです。もしくは、ユーザーの抱える問題や課題の解決策を提示できる人ではなければなりません。従来の「営業担当」のような、「買ってください！」の話だけでは、これから先の時代を生き残るのは難しいのではないでしょうか。

一方、「惹き寄せるチカラ」を蓄えると社員や顧客に勇気を与えることができます。そして、何より仕事・家庭・遊び・社会という人生のタスクを楽しみながら熟していけます。それを知ってまた、「この人に仕事を頼みたい！」と自分の価値観を理解してくれる人を強力磁石のように惹き寄せることができます。

マーケティングとは、人が考え、人の心を動かすものです。自分だけに都合の良い自分勝手なマーケティングなど効果は得られません。たとえ効果があったとしても継続できないでしょう。

コンピューターも経営もマーケティングも、石を入れれば石しか出てきません。その逆に、心温かい人が多くの人に向けたマーケティングは、人の心を動かし、行動を促し、自分のお店（会社）の前に行列ができるでしょう。

『7つの習慣』の私的解釈

私にとっての『7つの習慣』とは？

自らの生きる目的を見つけられるツールです。『7つの習慣』は「人生の効果性を高める習慣」とされています。効果的に人生を送る生き方を学べる大人のバイブルのような書籍だと私は感じています。仕事でも経営でも家庭生活でも役立つ効果的な人生を送るための書です。

どちらかというと読む本ではなく、ある意味でバイブルとして、効果的に生きるマニュアルのようにも感じます。

しかし、それだけの内容なので真の『7つの習慣』を理解するには、1度や2度読んだ程度では理解が難しいのではないでしょうか。私自身、10年近く読んでいますが、読むたびに新しい発見があります。もちろん、私の個人的な感想ですが、浅く読むと言葉遊びに走ってしまいます。

そして、「しなくちゃいけない！」という強制感を持つと効果は期待できません。この書籍の真の意味は、実践して人格を形成し効果性を高めて生きる方法を示すものだと私は考えています。

もちろん、個人の感想ですから読まれる方により異なると思います。機能的なテクニックに走る自己啓発本ではなく、読んでは実践して、効果を得たら自己を成長させてくれます。

具体的な内容は控えさせていただきますが、第1から第3の習慣は、人間としての自立に向けた考え方や方法が書かれています。そして、その自立は依存状態からの脱皮となり、私的成功に導きます。

第4から第6までが、公的成功に導く習慣となり、第7はそれを常に高めていくということになります。マーケティングや経営に当然役立つ書籍ですが、著者スティーブン・R・コヴィー博士は、長く経営コンサルタントだったということからも経営やマーケティングに役立つテクニックではなく、本質的なことが書かれています。原則については、の記述はマーケティングに重要な役割を果たします。そして、原則は普遍です。

原則にしたがったこの変化の激しい時代でも対応可能なコンテンツが『7つの習慣』にはあります。特に経営者には多くの影響を与えることでしょう。人材育成、リーダーシップとマネージメントの違い、相乗効果を発揮して想像以上の結果をもたらすことのできる原則が書かれています。

そして、特に重要なのが、自分が梯子を掛けている壁は間違いだと早く気づくことです。もちろん、すべての方が間違った壁に梯子を掛けているわけではありませんが、少なからぬ経営者がその仕事の特質上間違った壁に梯子を掛けているように私には見えます。

できれば、私的成功を達成して、奇跡のようなシナジーを創造して、ビジネスでの公的成功を達成すれば、小さくても価値の高い会社に成長させることが可能になります。人格主義の復活とは、まさしく現代には重要な考え方や習慣になります。さらに社員教育にも役立つと思います。私も影響されている書籍の一つです。

まだまだ私自身完全な習慣とはなっていませんが、自分の未熟さを発見できる素晴らしい書籍です。

マーケティングに役立つアドラー心理学

『７つの習慣』とアドラー心理学の共通点は、基本的には「毎日を全力で生きることができるのは人間関係」ということです。『嫌われる勇気』『幸せになる勇気』という書籍から私はアドラー心理学をほんの少し学びました。

アドラー心理学は、しあわせに生きる為の哲学を必要とすると私は感じています。ですから、アドラー心理学を多少でも理解し、それに準ずる哲学をもとにその道（人生）を歩むにはかなり厳しい選択を迫られます。ですが、人と関わる時の物差しのような判断基準ができます。そして、前述の著作は「勇気」にフォーカスし説得力のある書籍で、専門用語が少なく、心理学や哲学が身近になります。

ビジネスは結果が保証されていません。ですから結果より、今日を生きるという意味では、「いまを踊る」という最もいまの時代に必要な考え方に私は、感じました。人類は分業により成り立っているという共同体感覚（社会に貢献する生き方）が私は、とても好きです。さらに人間関係から生じる問題とその解決方法がわかるような気がします。

課題の分離という考え方は、特にマーケティングに活用できます。私なりに解釈すると、「やるだけのことをやれば、決めるのはユーザーである」という「選択してもらう」という概念が重要になります。自分の考え方は変えられますが、変えることのできないものは、自分以外の他人の考え方です。そして、課題の分離とは、最終的に責任を負う人の課題と割り切ることです。

例えば、子どもが勉強しないならば、将来に勉強しなかったことによる現実を受け入れるのは子ども自身であり、その子どもの課題です。子どもの知らないことを教えることは必要ですが、自分の考えで子どもをコントロールしてはいけないということです。そこに立ち入ることはできないという考え方です。そして、承認欲求が人間関係の問題（すべての問題は人間関係とアドラーは説きます）を発生させるということです。

「赤ちゃんは自力で生きていけないことを本能として持っている」と『幸せになる勇気』には書かれています。50代でも自立せず本能で生きていた私には、目から鱗のアドラー心理学です。

アドラーの心理学による岸見一郎さんの哲学は、私には気持ちが良く受け入れやすい考え方で、アドラー心理学をベースに『7つの習慣』との対比をすると面白い気づきとなります。ストレスを最小限にして経営を行うには必要な書籍かもしれません。

ですが、アドラー心理学による哲学を実践するには、勇気が必要です。「マズローの法則」（欲求5段階説）において考えてみると、現在の日本人は第5段階の自己実現の欲求よりも第4段階の承認の欲求がまだ強いように思えます。これらの欲求を達成させようとする時点で私は自立していない依存傾向のユーザーがほとんどであると考えます。

ですから、中途半端な正義感を持つのではなく、ユーザーが持つ心理を学ぶことは、マーケティングにおいても、人材育成でも重要で企業文化を構築するうえでも利用できる重要なコンテンツが書かれています。

私は質の高い企業文化を構築することが最強のマーケティングだと考えます。そのためには、まず、アドラー心理学を学んで、さらに、『7つの習慣』を理解して実践することは重要になると考えます。目的を達成するためには、それなりのリソースがなければできません。当たり前のことですが、意外に見落とされる点です。

日本で見る世界地図は日本が中心にありますが、他国の地図では、その国が中心にあり日本は端に表示されます。これと同じように世界地図の真んなかにユーザーをおいて自分を端っこにして考えることや社員を中心に考えることが大切です。これが自然にできると惹き寄せるチカラは倍増します。

マズローの欲求5段階説にはさらに上があるようです。6番目の段階「自己超越欲求」は、家族や知人が幸せになってほしいという欲求で、マズローが亡くなる前の論文に書いたそうです。

人生の最終地点の欲求は、日々、配偶者や子ども、親に敬意を持った日常においてでないとなしえません。ですから、そのあたりを意識しないで、納得の行く人生は送れないと私は考えます。このような考え方を基本に経営やマーケティングを実行することにより、「いい会社」への成長ができると私は考えたのです。

第2章　友だち（顧客）と私（会社）の関係

マーケティングとは？

マーケティングにもさまざまな種類や方法がありますが、アプローチの向きでいえば、外側か内側の二つになります。アウトバウンドとインバウンドですね。

アウトバウンドの端的な例は「営業」で、企業・会社側から積極的に自己の都合により外へ発信していく手法ですが、これは現在の企業経営にはあまり適していないと私は考えています。

また、SNSなどのメディアを通してユーザーに向けて役立つお得な情報を発信することによって、潜在的なユーザーに刺激を与え、「欲しい」「行きたい」「やりたい」と思わせるインバウンドマーケティングのみで十分な効果が得られる時代です。

そして、これからの時代の経営では、マーケティングなしに成果が期待できないのも実際のところでしょう。

「正解のない時代」と言われています。その時代はどんどん複雑に難しくなってきます。そして、その反動からか、シンプルで人に優しい思考になってきた部分もあります。

例えば、自動運転の便利で楽ちんな自動車が開発されると、１９７０〜１９８０年代などのマニュアル車でデザインの優れたノスタルジックなビンテージカーが注目を集めます。

マツダのロードスターなどのオープンカーと言われるコンバーチブルな（屋根がオープンになるタイプ）車は、以前人気はあっても所有する人が少なかった車ですが、最近は多く走っているのを見かけます。

夏は暑くてオープンにはできず、冬はコートを着て運転をしなければなりません。昔は、カリフォルニアのような天候のところでなければ走らせることのできないタイプの車でした。

ですが、いまは世界的に人気のスポーツカーとなりました。すなわち、「便利」だけが人を惹きつけるのではありません。むしろ「便利」というキーワードすら、煩わしい時代に変わっていくでしょう。

私はマーケティングを「惹き寄せるチカラ」と定義しました。企業の成長過程の一歩前などでは、営業力を強化して営業による活性化を高めなければならないときもあるでしょう。営業とは、それ自体がマーケティングを支援するために必要な行為だからです。そして、マーケティングには予算が掛かります。

しかし、私がこの本に書くマーケティングとは、「人間力」のような「人と人の関係の改善」により行うものです。どちらかというと、哲学・自己啓発・経営学などに近いかもしれません。

ドラッカーが説いていた「企業には2つの基本的な機能が存在することになる。すなわち、マーケティングとイノベーションである」という話は、小さな会社においてこそ重要なことになります。

企業が創業期や成長期前などには攻撃的な営業活動も必要になるのでしょう。また、逆境を乗り越えなければいけないときも同様です。

しかし、そんなときでも「惹き寄せるチカラ」を意識する必要があります。この『惹き寄せるチカラ』の前著である『小さな会社のマーケティングとは』ではテコの原理を応用したマーケティングのことを、投資用語を引用して〝レバレッジ〟と名付けました。

川の流れを利用して対岸に移動するカモのように時代の流れを利用したり、他人や他社の力を借りて自社を成長させる方策です。これが上手くいくと自分でも信じられないほど自社の業績アップに大きな力を提供してくれます。

デール・カーネギーの『人を動かす』に似たような話になるかもしれません。

どんなに経営が苦しいときであろうが、創業間もない頃であろうが、「惹き寄せるチカラ」のマーケティングは、一見遠回りをしているように思えるかもしれませんが、企業を成功させるためには絶対的に必要なものであるということです。

多くの経営者も知らず知らずにマーケティングの一部を実行していたり、これまでに偶然であろうが何であろうが「惹き寄せるチカラ」を持っていたのかもしれません。「経営者は人格者でなければならない」と考え、人間づくりを実践してきた経営者や「聞き上手」だったり「謙虚で誠実」である経営者は、自然にこのチカラの要素を蓄えています。

そして、企業の機能の一つは、マーケティングです。ピーター・ドラッカーが説くように「企業」と「顧客」という関係でしか、企業は存在しません。「顧客」なしではビジネスは成立しないのです。「顧客を知らない」で、「顧客の変化に気づかない」で、企業は存続できないのです。それは大きな企業であろうと、小さな地方の商店であろうと同様です。

しかし、私はそれだけでは納得がいきません。「企業と顧客」の関係の周囲には、協力業者や付帯サービス産業の企業や人々がいるからです。

誰が顧客になるのかの予想は不可能です。この人は顧客になりそうもないからAで対応して、この人は顧客になりそうだからBで対応するような考え方では可能性を狭めるだけです。Aの周りにはBが複数存在します。重要なのは、顧客を売り手が選ぶ必要がありますが、売り手側が顧客になる可能性を判断してはいけないということです。

そこで「惹き寄せるチカラ」が威力を発揮するのです。「惹き寄せるチカラ」があれば顧客が自然にやってきます。だから、いつも「幸せのおすそ分け」をしている毎日になります。

どんな時代でもその企業が扱う商品やサービス、もしくは製品に価値があるからビジネスが成立しています。

私たちが生活するうえで、また企業経営するうえで、自分のできないことや自分では得意でないことを他者に委ねます。これがアドラー心理学的には人類の生存するための分業システムであるのです。

しかし、需要と供給のバランスという原則から考えると、現在は顧客が商品・サービスを選ぶ時代になっています。つまり、価値観の多様化する時代には「誰とつながるのか？」が重要になります。

そこにこそ、小さな会社が実行しやすいマーケティングがあります。顧客を友と考えて対応するという、一見利益を無視したような考え方です。しかし、それが「惹き寄せるチカラ」のつくり方の一つなのです。

そのはじめの一歩が「誰と友だちになるのか？」ということです。

「誰と友だちになるのか？」

私は、「顧客は友だち」と考えています。ですから、自分たちが嫌いなタイプの企業の仕事はしません。お金とサービスの交換だけをするビジネスでは、社員は幸せを感じてくれないからです。

顧客を友だちと表現するのに違和感があるかもしれません。とても失礼なことかもしれません。加えて、顧客は私たちを友だちとは感じないかもしれません。

しかし、相手がどのように感じようが私たちの考え方は変わりません。私は「私たち」を主語にビジネスを捉えます。好きな仕事を主体的に行う集団でありたいのです。これが私のポリシーです。

そもそも企業や組織とは、そこにいる人たちが幸せを感じ社会に奉仕できる時間を共有できる場所であると私は考えています。そのために組織は存在します。

もちろん好きなことばかり行っているのではなく、真に友だち（顧客）のために頭とココロで汗を流すのです。社員には自己の成長を願い、困難にチャレンジしてほしいのです。そして、その時点での私たちのできる最善の行動を取ります。お金のためだけでは、楽しい毎日は送れません。

ですから、生意気ですが私たちは顧客を選びます。評判の悪い友だちと付き合うと良い友だちは去っていきます。それと顧客との関係は同じではないでしょうか。

ですから、「誰と友だちになるのか?」というのは、企業にとってとても重要だと考えます。

言い換えれば、自社の価値を認めてくれる顧客と仕事をすれば高い成果を提供できます。そして、社員も楽しい。

結果的にこの考え方は、マーケティングの神様と言われるフィリップ・コトラーが提唱した「マーケティング2・0」における「差別化のマーケティング」と同様の効果をもたらせます。

マーケティング1・0とは、製品中心のマーケティングでした。省エネのエアコンを開発すれば、購入者は誰でもいいのです。そんな時代のモノ中心のマーケティングでした。

マーケティング2・0とはSTPマーケティングとも言われているように差別化のマーケティングです。消費者中心のマーケティングとも言われています。STPは「セグメンテーション」、「ターゲティング」、「ポジショニング」の頭文字のアルファベットをつなげたものです。私は、この2・0でさえ実施されていない小さな会社が多いと感じています。

さらにマーケティング3・0は、価値主義のマーケティングとなります。消費者の多様化した価値に対応するマーケティングです。

そして、現在のマーケティング4・0は自己実現のマーケティングと言われています。スマートフォンなどのモバイルを中心としたマーケティングです。1・0をベースに2・0があり、その上に3・0、そして4・0があるとコトラーは提唱しています。ですからまず、2・0のSTP分析のフレームワークから自社のマーケティングを見つめ直すことが必要になります。基本が重要だと私は考えます。

さらにターゲットである友だちのタイプを分析するとペルソナが描け、ジャーニーマップが書けます。

ペルソナとは、ターゲット層のなかから仮想ターゲットを抽出して、「ペルソナ」として架空の人物をより具体的につくり上げることで、より具体的なアイデアが出しやすくなったり、判断に迷ったときの指針になったりするというメリットがあります。

言い換えれば、自社の友だち層を明確にして、その友だち層の価値観や行動パターンを把握してマーケティングプランづくりに役立てます。さらにジャーニーマップとは、設定したペルソナの目的達成までの行動を視覚化したものです。この作業で友だちに共感を持ちマーケティングプランを設定することができるようになります。

そして、「惹きつけるチカラ」は3・0から4・0に対応したマーケティングだと私は考えます。

ですから「誰と友だちになるのか?」は、マーケティングでは一番重要なファクターだと私は考えます。そうでないと自分自身が見えなくなります。

「お金を払ってくれれば誰でもいい」、「お金を払ってくれれば何でもいい」では、自社の存在理由と価値がなくなり、ブランディングも構築できなくなります。そして、企業としても個人としても幸せなライフスタイルは構築できません。

弊社の例を示すと、売上規模、契約金額、経営者の考え方・価値観などを重視し、友だちを決めます。売上規模、契約金額などは、たとえ条件に達していなくても、その企業や経営者の将来性を鑑みて、友だちとするかを検討します。

もちろん、最初はイメージが優先します。そして、「友だちは何を好むのか?」、「どんな価値観を持っているのか?」などの分析が必要になり、このような作業によって友だちのタイプを絞ります。

友だちには、「信用」ではなく「信頼」をします。また、友だちに問題が発生したときには、その解決のための支援をします。また、友だちが間違った道を進もうとするときには、僭越ですが忠告もします。それでも、友だちが選んだ道や価値を無条件で認めます。そんな関係です。

その一方で、友だちのタイプを限定している分、自社の一番得意な部分の分析・研究などの成果を1社に提供すると、ちょっとしたカスタマイズでほかの友だちにも使えます。

つまり、「友だちを選ぶ」ということは、効率的で効果的なのです。

「友だちはどこにいるのか？」

「友だちを選ぶ」の次のテーマが、「友だちはどこにいるのか？」となります。

マーケティングは魚釣りに似ていて、魚のいないところで糸を垂らしても魚は釣れません。また、海・湖・川のどこにでも魚がいるわけではありませんし、釣れるポイントや時間や時期があります。さらに、魚の習性を知らなければ釣りになりません。その魚の習性に合った仕掛けが必要です。もちろん、経験も。

しかし、魚のいる釣り場は名人や多くの釣り人であふれかえっているので、未熟な釣り師では成果を得られません。たとえ知識を蓄え、ツールも用意していても、小さな視野では対抗できません。ですから、小さな会社には対応が難しいのです。

よって、自分だけの釣りができ、かつ適量を釣り上げるのことのできるポイントを探し、釣り方を考え、ツールを開発しなければなりません。

このように「友だちはどこにいるのか?」というテーマは、自社のターゲットが「どこの場所で何を求めているのか?」「どんな価値を尊重するのか?」などを探ることです。

BtoBなら、「ネット上で出会えるのか?」、「どんなセミナーや展示会に興味があるのか?」、「商工会議所などの主催する異業種交流会で出会えるのか?」、「どんな専門誌を見ているのか?」などを検討する必要があります。

BtoCならSNSやマスメディアなどだけではなく、無数に顧客との接点があるでしょう。例えば、「費用はかかるが専門誌に広告を出すと反応が良い」、「毎年あの展示会では反応が良い」、その反対に「あの媒体は反応が悪い」など、さまざまに挑戦してみて、友だちの層に受け入れられる居場所を利用するのです。

単純に商品広告をするよりも、「イメージ広告のほうが食いつきが良い」、「テレビよりラジオのほうが良い」、「2時間のセミナーより5時間のほうが集客がラク」、「平日より土曜祝日開催のセミナーのほうが意外と実益につながる」など、友だちの居場所、すなわち接点を見つけ、細かく分析すればビジネスは好調に成長します。「1度でなく、複数回連続しないと効果がない!」などのケースもあります。この意味において、マーケティングはテストとよく言われるのです。広告などの評価は、友だちである潜在顧客が決めることです。会議室の人たちや経営者が決めるのではありません。

しかし、広告はあくまでツール。手段であり目的ではありません。広告より重要なのが商品開発です。マーケティングを考慮して商品開発・サービス開発・製品開発を行う。つまり、魚の居場所を見つけて、餌を食べてくれる方法を考えたら、その餌・ツールを開発しなければなりません。

消費とは、売り手が決めるのではなく、買い手が決めるものです。良い商品が売れるのではなく、安いから売れるのでもありません。

求める人の価値を超える商品が提供されても「これ必要だね！」とは思いませんし、「お手頃だけどこれ必要？」と買い手に思わせると売れにくいものです。

「欲しい！」と感じていただけるようにユーザーの心に火を付ける方法を見つけるためにも、友だちの行動パターンを把握する必要があります。

これを「カスタマー・ジャーニーマップを作成する」と言います。すなわち、友だちはどんな価値観を持って、どんな行動をしているのか、あるいは、どんな媒体を使い、どんな時間帯にそれらの行動をするのか、を把握する必要があるのです。

『孫子《そんし》』という中国の兵法書（軍学の書）の一節に有名な言葉があります。

彼を知り己《おのれ》を知れば、百戦殆《あやう》からず。
彼を知らずして己を知れば、一勝一負す。
彼を知らず己を知らざれば、戦う毎に必ず殆うし。

相手を知らないで、どう顧客に喜んでもらえばいいのでしょうか？

「誰と友だちになるのか？」と「友だちの求める価値は？」

これまで私が繰り返し口にしている「友だち」を、マーケティング用語では「ターゲット」と呼びます。そして、このターゲットを掘り下げると「ペルソナ」と言われる架空のターゲットの生活パターンや価値観が浮かび上がってくるのです。

これらをマーケティングの神様ことフィリップ・コトラーは、マーケティング2・0で解説しています。現在は、マーケティング4・0の時代で、『コトラーのマーケティング4・0』という本が出版されています。

マーケティング1・0は、1900年から1960年代の、市場にモノが不足している時代のマーケティングで、今回、私の説明している「誰と友だちになるのか？」

と「友だちはどこにいるのか？」は、１９８０年代のマーケティング２・０です。一言で言えば、差別化のマーケティングとなります。

なぜ、いま１９８０年代のマーケティングなのか？

マーケティング１・０の概念の上に２・０が乗るわけで、それが４・０の現代までの土台になります。私はさらに、ウィズコロナのマーケティングやアフターコロナのマーケティング概念も現実的には構築する必要もあると思います。

テクノロジーの進歩によって生活が進化した結果、生活者のライフスタイルも日進月歩で変化していくので、それに対応するためにマーケティングもブラッシュアップをしなければなりません。

ですが、現実的に私の触れる小さな会社のほとんどのマーケティング概念は、１・０のままです。とても残念なことであるとともに、私がこれらの著書を書く理由でもあります。マーケティングを小さな会社に伝授するのが私の使命であり役割と考えるからです。

話が逸れましたが、人間の欲求は、一度満たされると欲求ではなくなります。ですから、ユーザーの求める価値も変化する。であるなら、売り手も変化しないと企業は成長しません。

また、このような社会情勢では、過去の成功など何の意味もありません。原理原則を守って新しいことに挑戦した企業だけが生き残れる時代になります。

そして、ここで注目していただきたいのが、小さな会社ほど変化しやすいということです。変わることのリスクやコストが小さい。これが「小さな会社」の利点なのです。「誰かがやってからやる」なんて考えの経営者では、これからの経営が困難になるのは火を見るより明らかではないでしょうか。

そこで、明確に友だちのタイプを描き、その友だちの求める以上の価値を提供するために、ブレずに常に提供する価値の質を高めることにフォーカスする必要があります。

世界中に圧倒的な影響を及ぼすアメリカの有名な起業家、イーロン・マスクが、自身が行う宇宙開発事業の火星での都市建設について、あるインタビューで「それを行う価値があるから（行った）」と語ったことが私には、とても印象に残りました。

売り方の質を高め、サービスの質も向上させる必要があるのは、それがあなたの「小さな会社」が存在する価値を高めるからです。

当然のごとく、世の中に価値がない企業など存在しないのです。しかし、多くの「小さな会社」の存在の価値が薄れているようにも感じます。特に日本においては。

そしていま、新型コロナウイルスの経済影響により、その企業の存在の価値によりふるいをかけられているようにも感じます。まさにサバイバルです。

しかし、「生き残り」とは〝原因思考〟であり、「常にそこに価値があるから継続する」と価値を求めて、それを高めていく〝目的思考〟こそが重要だと私は考えます。

自分はどこに位置するのか？

「友だち」のことがわかってきたら、次は自分のことを考えるフェーズに入ります。まずは「自分の位置」から決めることになるでしょうか。

ここでいう自分の位置とは、自社の商品のポジショニングです。例えば、「高額で長持ちする商品なのか？」、「高額でサービス力が高い商品なのか？」というように、他社と比較することなく自社の価値観と価値を評価してマッピングするのです。X軸に価格、Y軸にサービスと規定して、そのマップの空白の部分に自分の位置を決めてビジネスを展開します。

言い換えれば、他社の類似商品や類似販売方法の似たような価格帯に「自社の商品やサービスを位置させない」ということです。

要するに、誰かと比べるのではなく、誰もそこに参入しておらず価値観の合う部分で友だちの求める価値観やサービスを提供するのです。もしくは、友だち自体予想できなかった新しい価値を提供するということになります。

次の項目の「自分の価値観を優先する」で詳しく説明しますが、希少価値を高める戦略はこれからの小さな会社になくてはならない戦略となるでしょう。人口統計やその推移を眺め、世界情勢を考えれば当然のことです。

一方で、業界の常識を破壊できるようなムーブメントも行われればなお良いでしょう。ネットの発達によりユーザーの考え方も変わりました。まして、新型コロナウイルスや地球温暖化がユーザーの考え方や趣向を急速に変えていきます。GAFA（Google・Amazon・Facebook・Apple）を例にあげるまでもなく、いままでにないような商品に対する付加価値の重要性はいまの時代の共通認識になっていると思います。

しかし、まずは自分の友だちを明確にして、何ができるかを追求して、マップ上の他社のいない位置に自社を位置させる必要性が高まります。

ここでもし、市場のシェア率を気にする方がいるのなら、それは大手企業が考えることであり、まったく重要なことではありません。業界のシェア率などは、範囲の設定の仕方しだいでどうにでも評価できます。市町村単位・都道府県単位・国単位・世界単位とその範囲で結果がまったく異なります。コカ・コーラ社がコーラでは1位のシェアですが、飲料水というシェアを考えると可能性は高まります。

そんな不明確な評価に対応するのではなく、「この仕事はあそこしかできない」と思われることのほうがより重要であり、現在のインターネットの普及や利用率、そして流通業の発達を考えれば、ターゲットの抱える価値観を狭め、希少性を高め、それらを利用することによってビジネスモデル自体も変更できるようになるのです。

そして、ポジショニング・マップをあらゆる軸で書いていくと、業界の常識を覆すアイデアやサービス、つまり新しいイノベーション策が見つかります。

マーケティングとは、商品開発から始めることを忘れないでください。ここをスキップすると、どんなに優れたプロモーションを行っても望む結果は得られません。

もちろん、優れた商品が売れるわけではありません。優れた売り方が必要になります。

もし、自社の商品が優れているのに「思うように売れない」と悩んでいるなら、もう一度ポジショニング・マップを書き直してください。

そして、その商品が提供するベネフィットをアピールしてください。商品の機能スペックではなく、利用方法とそれによるベネフィットである価値をアピールするのです。

自分の価値観を優先する

私の趣味の一つに、ビンテージトライアルバイクのレストアと林道探索があります。林道探索は渓流釣りとリンクしていますが、人気のないオートバイの、さらにオートバイの世界で一番マイナーなトライアルをやっています。

そのトライアルバイクのなかで扱うのは、ホンダ車の1970年代から1990年代にかけて活躍した「TL」の記号がつくシリーズのトライアルバイクです。

非常にマイナーな私の趣味なのですが、私のInstagramには同じような価値を共有した多くのフォロワーがいます。同じような価値観の持ち主なので、先方もマイナーですが、価値観を共有するとつながりが深くなります。

海外のフォロワーもたくさんいます。ホンダ、ヤマハ、カワサキ、スズキなどは1970年代から1990年代にかけてのバイク全盛時代から、いまでも世界中にファンがいるのです。

そういったファンのなかには、表立って私を「フォロー」したり、「いいね!」しているユーザーではなく、昔、トライアルバイクに乗っていた人や私たちの世界に憧れる人などがいるのです。ここが重要です。

つまり、価値を絞り込むと「なんか良いな～」という周りの人も発見でき、こちらが友だちを絞ると、その友だちの両サイドにいる「友だち予備軍」であるユーザーも集めることができるのです。

ビンテージバイクの趣味は狭い分野ですが、似たような分野の人も共鳴してくれます。それは、お互い趣味嗜好は多少異なっていても、「そこでのこだわり」が理解できるからです。ですから、こだわるということはとても重要なことなのです。

一般に、マーケティングというと「市場の動向に合わせる」ようなイメージですが、小さな会社にはそういった手法はそれほど重要ではありません。逆に、それらを重要視すると「右に倣《なら》え」の業界の底辺にただしがみつくだけで、不安をいつも抱えて数字に追い回される経営になります。

以前、昔勤めていた会社のシンガポール支社の同僚とホテルのバーで語り明かしたときの話ですが、自分たちが担当していた企業のいまを同僚が話してくれました。大きく成長している会社、存在しなくなった会社、経営権を奪われた会社などの話です。

それらを聞きながら、当時の経営者とのやり取りを思い出すと一つの結論に達することができます。ある意味の「惹き寄せるチカラ」を持っている経営者や人間力の高い経営者しか生き残っていないのです。

自慢話をしない、人の悪口を言わない、約束を守る、時間を大切にするなどの人格の優れた経営者でした。そのなかで、特に「人の話をよく聞く」という性質の持ち主がほとんどの場合に成長を重ねていました。

周囲と正しく関係を持ち自己の価値観で生き、他人の価値観を尊重する経営。それこそが正道でしょう。

そして、そこから生まれるマーケティングは、「最近Ｉｎｓｔａｇｒａｍが人気でビジネスに役立つそうだ。どうせ無料だから絶対やるべきだ」なんて考え方ではＳＮＳを活用しません。

自己の価値観を表現するＳＮＳでなければ、時間の無駄になります。そして何より、自分の価値観に近い人々を知ることもできないのです。

自分の価値観が優先できない人は、「自分がない」、「他人の人生を生きる」ような生き方です。マーケティングに重要なのは、経営と同じで自己の決断を信じ前に向かうことです。

「必要だから人は物を買うのではなく、欲しいから買う！」という方向性に顧客を導かないと物は売れにくいのです。

ただし、自分の価値観を尊重しながら他人の価値観に敬意を表することも必要で、「新商品です」というより「人気商品です」といったほうが売れるように、相手を気遣うことも必要です。

一方で、顧客はそれほど自己の固有の価値観を持っていないことも知ることができるでしょう。すべての人が自己の価値観を優先して商品を購入するのではありません。あるいは、「お金」という価値観で商品購入を選択するタイプの人も大勢います。

よく、物販のお店でポイントカードを勧められます。しかし、行く店、行く店でポイントカードをつくっていたら財布が膨らみます。スマホアプリならまだいいのですが、紙のカードではありがたくありません。それでもポイントカードを集める主婦などは、少なくないでしょう。その人たちは、「金銭的に得をする」という価値観があるのです。

そんな人たちを「小さな会社」では、できるだけ友だちに選んではいけません。

「小さな会社」が友だちにすると苦戦するタイプです。

「あなたがいるから私たちがいる」という概念

「あなたがいるから私たちがいる」

この概念は、私が経営する長野県松本市の株式会社エイ・ティ・エフの企業テーマです。私たちは社会に生かされていることを自覚して、社会の一員として社会に貢献することを目指します。

この概念は、『コトラーのマーケティング3・0』のなかで説明されていた「人間らしい企業の価値中心の時代のマーケティング」によるものです。

いまの時代は「優しすぎる時代」と私は感じています。それを嘆いているのでも「昔はよかったな〜」と思っているのでもありません。ただ、社会全般が優しすぎで「大丈夫、日本人？」とも感じます。

私が小学生の頃は、よく水の入ったバケツを持たされ廊下に立たされました。もちろん、原因は私の愚行です。それで私は廊下に立たされました。いま、教師がそんなことをしたら、悪いことをした生徒の原因は排除して、児童を廊下に立たせたという事実だけを大きな問題とします。

レジ袋の有料化も同様です。私が朝拾うゴミでスーパーのレジ袋などほとんどありませんでした。コンビニのレジ袋がときどき食べ残しを入れて捨ててある程度です。

本当にスーパーのレジ袋を有料にしたことでビニールゴミがなくなったのでしょうか？　それよりほかにやることはあるのではないでしょうか？

それでもユーザーはそれに順応します。肉や魚などのパッケージについては誰も何も言いません。

つまり、ここでお伝えしたいのは、現在は「良い人」「良い企業」を表現しないとマーケティングが機能しないということです。

世界は一つで、平等で、お互いを気遣いながら生きる。人間は一人では生きていけず、社会は分業制のうえで成立している。アドラー心理学流に言えば、共同体感覚が必要だということです。

「社会があるから私がいて、そして我が社がある」という人間らしい企業経営とマーケティングが必要な時代なのです。競争など必要なく、お互いが社会のために企業という組織を形成しているという考え方です。ある意味で崇高な考え方です。

ビジネスで重要なのは数字やデータではなく、昔もいまも人間そのものです。であるならば、どんなに環境が変化しても、経営者がやらなければならないことはそんなに大きく変わりません。

「原理原則」を守ることこそが、激しい変化に対応する術《すべ》ではないでしょうか。それは夏は暑く冬は寒くなるという環境の変化が起きようとも、井戸水の温度は変わらず18度だということと同じです。

マーケティングは「人間関係」にフォーカスするべきで、そこに人の心や気持ちという原則があります。

第3章　身近で感じるマーケティングのＡＢＣ

イエス・キリストはイベントプロデューサー

イエス・キリストは大工だったそうです。そんなイエスが、さまざまなところでパフォーマンスをして、その偉業を弟子たちが広めました。もし、イエス・キリストが大工仕事に専念をしていたら、現在のようには世界中に信者はいなかったでしょう。そうです、イエス・キリストはイベンターだったのです。信者の方に申しわけない表現かもしれませんが、お許しください。

現代で考えを広めるために用いられるのは、セミナー・講演会・展示会などで、現在の最高のマーケティングツールです。もちろん新型コロナの時代には、SNSで人を呼び込み、ZOOMでウェビナー（Web会議）を行う形に限定されるかもしれません。または、YouTubeチャンネルを利用するのもアリです。

いずれにせよ、イベントは重要で効果的なマーケティングツールなのです。冒頭でたとえに出した宗教の布教活動は、言語・文化の異なる国へ向かいました。信者たちは、信じるものを多くの人に伝えるには自ら外に出てアピールしなければいけないのです。

そのときは、たとえイエス・キリストのように磔《はりつけ》の刑に遭うことになっても人間として正しい社会に役立つという信念が不可欠です。前項で述べた価値の時代の人間らしいイベントである必要があります。

また、イベントは小さくても続ける必要があります。イベントの告知がブランディングにつながり、企業の技術レベルなどが高いことをアピールできます。友だち候補を集めるにはとても有効なツールとなるのです。

ただ、イベントは実際に「人と人が交わる」わけですからとても効果が高いのですが、そこには「話し方」「シナリオ」「告知方法」というスキルが必要になります。ですから、パーソナルブランディングも重要になりますし、自己の専門性も高めなければなりません。

そのほかにも、ワークショップ（体験型講座）などのように、参加型のマーケティングを行うことができます。メディア広告のような一方通行の広告ではなく、現代的なマーケティング手法となります。

ここで大切なのは、自社の売上拡大だけにフォーカスをせず、「いつかあの会社で購入しよう」と見込み客を拡大することを目的にすること。見込み客のリスト集めは、マーケティングでは最初の課題であり、重要なファクターです。

「動けば風が起こる」

前著でも紹介した松本市の会計事務所の大沢利充先生の座右の銘です。行動こそが、商機を得る原動力だと思います。これはアフターコロナの時代であっても変わらない原則だと私は考えます。

また、自社で開催するイベントだけではなく、他人が開催するイベントに出席することも大切です。やり方次第ではＺＯＯＭでのウェビナーで行ったとしても、新しい出会いが得られるかもしれません。

マーケットインではなく、本当はプロダクトアウトのほうが重要

私は以前、製造業の方々などに「マーケットイン」の考え方の必要性を説いていましたが、現在はほとんど必要ではないと私は考えています。

「マーケットイン」とは、市場や顧客といった買い手の立場から必要と思われる製品やサービスを提供することです。これと逆の発想が「プロダクトアウト」で、これはつくり手側が良いと思ったもの、持っている技術を生かして製造したものを優先する考え方となります。

「マーケットイン」を製造業者が優先するとどこにでもある製造業社となり、何かが

起こったときに自社のチカラでは業績を維持できなくなります。

その理由の一つは、ものづくりしか経験のない製造業の人に市場のトレンドを読んで「イノベーションをしてください」と言っても無理があるからです。加えて、「小さな会社」は避けるべき戦略だからです。

もちろん、時代に沿った変化は必要です。ですが、人間は自分の得意で好きな分野で仕事をするべきだと私は考えています。

これはどの業種でも同様だと私は考えます。得意ではなく経験のないことを無理にするより、自分の得意な製品づくりで、それを天職と捉え自分のつくりたいものにこだわったほうが魅力的な製品や商品が製造できるのではないでしょうか。

つまり、これからの時代、下請けの製造業では生き残れず、他者から見れば「どうでもいいこと」に徹底的にこだわっているような製造業は、これからも生き残れるでしょうし、成長できると私は考えます。

しかし、それには世界中で自社しかつくれないものにこだわる必要があります。自社の製品に、小さくても新しい市場をつくればいいのです。ソニーのウォークマンやｉＰｈｏｎｅとまではいかなくても、十分に可能だと私は考えます。

職人や会社が命をかけた仕事で、ほかの人には1円の価値も感じられなくてもいいのです。自分だけが価値があることと思えればそれでいいでしょう。世界には、そんなあなたの製品を必要だと感じる人たちがいることでしょう。

言い換えると、このモノがあふれている時代には、魂を込めた商品や製品でないと通用しないということです。希少価値が最大の価値となる時代なのです。

価値観が多様化する時代です。「クレイジー」と感じられるほど商品開発にこだわることをオススメします。そして、あなたが専門家であることの証明が必要です。その仕事を天職と考えていることの証明を、イベントやブランディングで行う必要があります。それが行えないとブランディングは成立しません。

ちょっと厳しい話かもしれませんが、下請け製造業では将来性がありません。部品メーカーならまだしも、小さくても製造メーカーとしての未来を切り開いてほしいのです。イタリアなどには小さくても付加価値の高い製造業者がたくさんあります。

いまの事業の一部を小さくてもメーカーになるための研究開発は必要です。失敗を重ねてください。しかし、継続すればかならず成長は得られます。

デザインこそ付加価値

就業者一人当たり労働生産性の国際比較（OECDの統計データをもとに公益財団

法人日本生産性本部がまとめた「労働生産性の国際比較2019」）によると日本は36カ国中21位です。長期休暇を行っているイタリアは11位、スペインが17位。日本人は労働に多くの時間を使っても生産性が低いのはなぜでしょう。

その答えの一つにデザインがあります。スウェーデン、イタリア、スペインなどはデザイン性の高い商品で高付加価値を実現しています。しかし、日本人は悲しいぐらいにデザインに対しての価値が低いのです。

以前のアップルの商品は、パッケージがとても優れています。私はアップル製品を他社製品より高額な金額で購入しても、選択の間違いを感じたことがありません。商品自体の「前味（広告イベント）」が優れているからです。

もちろん、中味も後味もアップルの商品は優れていますが、そこにはデザインにも「見えない部分も手を抜かない」といったスティーブ・ジョブズの姿勢が現在でも感じられます。

余談になりますが、スマートフォンの購入でデザインセンスがわかります。iPhoneの所有者は、アンドロイドデバイス購入者よりデザインセンスが良いという傾向があると私は分析しています。

話を戻しましょう。価格は価値で、当然それに伴うデザインが必要なのです。付加価値をネーミング、サービス、パッケージ、アドバタイジングなど、すべてに友だちの好むデザインにこだわれば、同じような商品やサービスを提供するのなら価格は他社より高額な設定になります。それが小さな会社が繁栄するための最良策だからです。

そして何より、自分の友だちに自分の価値が伝わるような企業ロゴ、アドバタイジング、Web制作、パッケージデザイン、ユニフォームが必要です。友だちがワクワクするような、そして、そこで働く人が楽しめるデザインが必要不可欠なのです。デザインがあなたの価値を表現してくれるのです。決して、ただ「かっこいい」だけではいけません。あくまでも友だちの価値に合わせる必要があります。

フライングとカンニングこそが最も重要なマーケティング技術

フライングやカンニングは、学生時代なら卑怯なこととして咎められるものですが、マーケティングでは、むしろオススメします。完全なフライングでこそ他社との差別化が行え、業界をリードすることができます。そして、どこよりも早くユーザーからのフィードバックを得ることができるからです。

通常のマーケティングだと似たような商品が開発されますが、フライングすることで差別化を図ることができます。ちょっと時代を先取りしたようなフライングであれば、その当時は評価を得られないかもしれませんが、やがて時代のほうが進化してくるとユーザーが惹き寄せられるように集まってきます。

一方、カンニングとは真似をするのではなく、他人の褌《ふんどし》で相撲を取るようなもので、異業種のビジネスをアレンジしてさらに付加価値をつけるために、いつも業務外の社会を覗いているということです。

弊社はスターバックスコーヒーをカンニングしています。カウンター内を覗き込んだり、聞き込みをしたり、まるで捜査をしている刑事のようにスターバックスコーヒーの優れた顧客対応やカウンター内のセッテングを観察して自社の仕事のやり方に反映させます。

このように模範となる企業を見つけて、自社風に改良しながら業務、ブランディング、サービス、ミッションなどをつくり上げます。たたき台がないとイメージがしにくいので、カンニングは私の得意分野かもしれません。

また、ザ・リッツ・カールトンも私たちがカンニングする対象になります。〝ゴールドスタンダード　ザ・リッツ・カールトン〟でGoogle検索をしてみてください。カンニングのソースが山ほど見つかると思います。

優れたマーケティングは、ザ・リッツ・カールトンのような理念から始まる社員参加でつくられるクレド（信条・志）などが重要になります。企業が一体となって同じ方向に進む必要があるからです。

そして、ザ・リッツ・カールトン自体がマーケティングの本家米国の企業であり、マーケティングが得意な会社です。成果を出している企業を深く探り、徹底解剖して、自社のマーケティングや経営に役立てる作業は、とても重要だと私は考えます。

この一連の流れを「ベンチマーク」すると言いますが、その対象は異業者でないと意味がありません。同業者を真似ることを「近親相姦」と我々は揶揄《やゆ》しますが、それほど危険なことなのです。

フライングとカンニング、この二つでイノベーションを起こすことも可能です。しかし、経営を決定づけるものではありませんので、フライングとカンニングをして自社の価値に沿った独自の商品・サービスをつくるべきです。

もちろん、決断が遅いとこういった効果も無に帰します。時間の使い方こそが人生で重要なように、企業も有効な時間の使い方をしなくてはなりません。

市場がある程度熱を発するようになってから行動しても、競合が参入してきたり、資金力に物を言わせてくる大企業が出現して良いところをかっさらっていったりと、小さな会社にはデメリットしかありません。

ほかより早く始動する。その源はカンニングした優れた企業のマーケティングのアレンジ作。それがあなたの会社の独自性が開発されるスタート地点となり、友だちを絞るとフライングもカンニングも容易になります。結果、迷うことのない決断を経営者が行えます。

フレームワークを使って紙に書いて考える

ここまで、わりと基本的なマーケティングの手法をお伝えしてきましたが、ここからは応用的な話をしたいと思います。

頭のなかにビジネスのアイデアやヒントが浮かんだら、それを紙に書いてマーケティングプランを考えましょう。マーケティングではさまざまな原則的なフレームワークがありますので、それぞれのフレームワークに適合した案にまとめてください。

ＳＴＰ分析・ＰＥＳＴ分析・４Ｐ分析などを紙のテンプレートに書き込んで検討し、次に顧客の行動の測定・ペルソナなどイラストなどを交えるようなイメージです。

ＳＴＰ分析とはこれまで述べてきたような友だち探しと自社のポジショニングを考えることですが、ＰＥＳＴ分析とは、「Politics（政治）」、「Economy（経済）」、「Society（社会）」、「Technology（技術）」という4つの外的環境から分析していくものになります。

4P分析は、頭文字がPになる4つの単語、「Product（商品）」、「Price（価格）」、「Place（流通）」、「Promotion（販促）」からマーケティングを考えるプロダクトアウトの分析視点です。

このような枠組みを、壁のホワイトボードでもミスプリントしたコピー用紙の裏でもいいので、手で書くことによって具体化してみるのです。こうしてチャートやフレームを駆使することで見えてくるものがあります。

私が勤めていた世界的大企業であるICT会社のセクションでは、PCを使わずロールペーパーにプログラムやプランを書いていました。PC操作することに脳を使わず、まず頭のなかの物を書き出し、視覚を使うほうが効果的だからです。

海外テレビの刑事ドラマでよく見ると思いますが、殺害された被害者の写真や関係者の写真をホワイトボードなどに貼っているのは、視覚やイメージを大切にしているからです。

プラン作成などのすべてではなくても、初段階はアナログな紙を利用したほうが効果的であると私は考えています。私は実際に、Googleカレンダーを使いながらフランクリン・プランナーの手帳をスケジュール管理に活用しています。手帳に書くことにより効果が得られる項目もありますし、この手帳には各フレームワークが印刷されているので便利です。

デジタル機器やアプリケーションは「便利だから利用する」という視点ではなく、効果性にフォーカスして利用してください。

よく人の話をラップトップコンピューターでタイプしている人にときどき出会いますが、それならスマホのアプリで話を録音して、要点はメモすればいいと思います。人の話を聞く体勢が必要だと思います。

そして、一字一句、人の話をタイプしても意味はありません。手帳に図形にして記録したほうが、後にその話を振り返るにも効果的です。

私の場合、自分で書いた字が後で読めないという欠点もありますが、人の話のポイントだけをメモします。定量的な話なら別ですが、まず相手の伝えたいポイントを理解することを優先します。

これと同様に、企画書なども図解してポイントだけを伝えるなど、視覚に訴えるのが効果的です。上手に話したり、プレゼン相手の疑問や質問に即座に返答をすることが目的ではありません。

また、シミュレーションや手書きのマインドマップを使うときもあります。頭のなかで整理できないことは、その案件に最適なフレームワークを見つけ書き込んでください。

書き込んだら机の上に置いて、翌日もそのフレームワークを眺めてください。また違ったプランが湧き出てきます。その視点で言うと、スターバックスコーヒーなどの社内から場所を変えて作成すると、さらに効果的な発想が生まれやすいこともお伝えしておきます。

このように、頭のなかを紙に書くという作業は、単純のようですが効果は抜群です。正しくこれも小さな会社の経営者の仕事だと私は考えます。

ネーミングの重要性

共感や信頼など、友だちにとっての価値を高めていくブランディング。これにとても重要なのがネーミングです。友だちである顧客が利用する言葉を使ったり、理念やミッションが感じられるようなネーミングも必要かもしれません。ネーミング、つまり名前を付ける行為そのものがマーケティングでは重要なポイントになるので、プロジェクト名でも社名でも、いい加減にネーミングをしないように気をつけましょう。

そのネーミングに続くのがマークデザインです。考えた名前を視覚的にアピールする、皆さんが思っている以上に影響力のある大切な事柄で、この辺を簡単に済ませるから「小さな会社」に個性がなくなるのです。

自社が提供できる価値にネーミングのチカラを添えたロゴマークでアピールすることは、後で記述する社内マーケティングにも影響します。

ここは専門家の活用が必要になる部分なのかもしれません。ある顧問先の企業では、とても良い色のデザインのロードサイドサインをつくりました。要は、屋外に立てる看板です。

企業の優しさとコピーライトがとてもマッチしています。そして、経営方針とも一致しています。ところが、車両のカラーリングなどが微妙に異なっていました。「同じ青」ですけど、人々に与えるイメージが大きく違うのです。

経営者にとっては大したことに感じないかもしれませんが、それを見るお客さんは混乱した印象を抱くかもしれません。車両にカラーリングを施す経費は、その企業のコンセプトに合ったカラーリングとそうでないカラーリング、どちらでも変わりません。

このように、デザイナーや専門家を活用することで、効果的なカラーリングができているのとできていないのでは、周囲の人に与えるイメージやブランディングの効果の差が大きいのです。

人は第一印象を大切にします。企業の第一印象が本来の企業コンセプトとは異なり、自社の価値を低く表現しているのはとても残念に感じます。

もちろん、完璧な経営者などはいません。自分がこれらのことが理解できないのなら、それが理解できる社員や外部ブレーンを活用することをおすすめします。

私の知る限りでは、ネーミングやデザインに長《た》けている経営者はほとんどいません。これからの時代、「感性」が重要ですが、この「感性」を養うことはとても難しいのです。

サッカーの世界では、プロの選手になり、第一線で活躍するためには、その国の言葉を話す必要があります。学生時代、語学など進んで学ぶことをしなかったであろうサッカー選手でもスポーツ以外の苦手なカテゴリーに挑戦します。

経営者も自分の夢を叶えたいのであれば、苦手なものでも挑戦するか、ほかに任せるのかを決めなければなりません。大切なのは、「やるか？」「やらないか？」を決めることです。

さて、肝心のネーミングについてですが、社名を例に説明していきます。ブランディングのために社名を変更しようという動きが出てきたとしましょう。

従来から使用した名前を変えるのは、とても面倒な作業になります。これは、人間が行動を変えるのと同じように、「変えたいけどいまのままでも……」という意識が働くからです。

しかし、歴史のある社名でも、その歴史を引き継いたネーミングは可能です。もしくは、正式社名と別に屋号みたいもので変化をつけることもできます。まずは、呼びやすい名前は長く感じられない短いものが最適です。そして、何よりも自社の価値や理念を感じさせる名前が必要でしょう。

これは、開発商品や新商品のネーミングでも同様です。例えば、弊社の業務改革には「スターバックスコーヒーを見習う」というプロジェクトがあります。そこで、「仕事をスタバるプロジェクト」とか、キャッチーで親しみやすく社員がやる気が起きるような名前を考えます。「スターバックスの優位性を導入する計画」により楽しく仕事ができるようになります。

世の中には優れたネーミングがたくさんあります。経営者が考えるのではなく、外部スタッフなども活用して全社レベルで検討してください。

ネーミングにおいてもこだわることで独自性を高めることができます。ここを他社より深掘りすることによって、自社のポジショニングやブランディングの効果が、時間の経過とともに明確になってきます。

友だちの使う言葉で友だちが「価値が高い」と感じられるネーミングとデザイン作成をするための検討をしてください。

価格設定の重要性

価格は価値を表します。「小さな会社」なら同業種より一番高価な価格の商品やサービスを提供するのが理想です。

その理由として、私の考えは一貫しています。多くの数量を販売して疲弊しないように、さらに大企業などに対抗するための戦略なのです。

フルエントリーで商品群やサービスを抱えている企業は、一つずつのカテゴリーに注ぎ込む情熱が薄れます。そのようなリーダー企業に対して、小さな会社は一分野だけでも有利に立つ必要があります。

そのカテゴリーはもちろん、大企業が積極的に手を出さないニッチな商品やサービスとなります。しかも、希少価値は価格を高騰させてくれます。

例えば、1軒の家を建てる場合、1000万円のローコスト住宅でも1億の豪邸でも、おおまかな工程はほとんど同じでしょう。一つひとつの手間や素材は異なりますが、基礎工事から始まり、最後は内装と電気工事などになるでしょう。

弊社のWebサイト制作も同様です。資金力のない小さな会社では、薄利多売などは不可能なのです。であるならば、友だちが価値を感じる付加価値を高め、とことん追求した商品やサービスに絞り込み、対象エリアを広げてニッチなビジネスモデルを構築する必要があります。そのために高価な値段設定をする必要があります。

小さな会社が商品やサービスに高額をつけることに不安感や抵抗感があるかもしれませんが、案外自分たちが思うより顧客は気にしていないこともあります。

また、標準より高価な価格設定を行うには「勇気」が必要になります。自社の商品やサービスの強みにフォーカスしてください。「勇気」は自信から生まれます。だから、自社を愛し、自社の商品を愛する社員のいる会社は強いのです。

また、価格設定をポジショニングマップから考えることもできます。同業他社の価格より「高くする」ためにどんな付加価値をつけるのかを考えるのも一つの方法です。価値を金額に表すことは、とても重要です。

価格設定について一つ言えるのは、「自分を安く売らない！」ということです。社員の努力が商品となるのです。権限を持つ経営者が「値引けば売れる！」と価格の引き下げを行うことは自滅的行為となります。

高価な価格設定を行うには、当然サービスや機能を付加する必要もあります。製造業などは１円でも他社より安く提供する努力を日々行っているでしょうが、「価格」が取引先に提供する価値だとすると、ほかに自社より安く製品を提供する業者が現れれば、取引は継続されません。

高額価格にすることで、友だちである顧客との関係性を強固にするために利益を高め、その利益でさらに価値のある商品を提供し、一方で顧客サービス対応部門などを充実させ、売りっぱなしにしない点に経費をかけるなど、さまざまな方策が実現できます。

そして、重複しますが、ユーザーに「これ必要」と感じさせるのではなく、「これ欲しい！」と感じさせるための販売促進ツールなどを開発する力を生み出すことにもつながるのです。

「小さな会社」の商品の売り方

例えば、私が新車を購入しようとショールームに入ります。営業担当が、

「どんな車種がお気に入りですか？」

と尋ねます。私がそれを答えるのに戸惑っていると営業担当は各車両の機能的なスペックを話し出します。

通常、多くの購入予定者は、あらかじめ気になる車種の候補を決め、ショールーム

のエントランスをくぐります。その新しい車で「どんなことをしたい！」「あるいはこんな変化をしたい！」という思いがあります。

車の性能や機能ではなく、自分が新車を購入した後の変化をするために予算内、もしくは予算を少しオーバー程度の範囲で見つけたいのです。それをお手伝いしてほしいのです。そして、見つかったときには、営業担当から購入するための勇気というガソリンを注入してもらいたいのです。

しかし、「この車の燃費は……」と夢のない話を営業担当は行うのです。私がどんなライフスタイルで生活をしているのかを探ることなく行います。

新車を購入して私のやりたいことを聞き取り、それに最適な車種を紹介して、購入する勇気をもらえれば、即座に私はそのショールームにある車を購入したはずです。

これは、直接販売でも営業でも広告でも同じです。カタログの内容にそって商品説明をするだけの営業担当なら不要です。また、カタログがＷｅｂサイトやテレビＣＭになっているのと同じことになります。

老舗の和菓子店の販売であれば、贈答品が主力商品になります。よって、購入予定者が自分で食べるものではないのです。そして、贈る相手が自分と価値観が似ていて年齢などが近ければ、贈答の和菓子を選ぶのには苦労をしません。

贈答品の商品説明をするのは専門店として当たり前のことです。もし、それができなければコンビニと同じになります。いまのコンビニでも和菓子はあります。

専門店なら、購入予定者が「どんな人に」「どんな思いで」贈答品を贈ろうと決めたのかをスムーズに聞き出す必要があります。例えば、恩を受けた年配の人に渡すのなら、その人の年齢などを考慮して、購入予定者は贈答品を和菓子に決めたのでしょう。

「その方の性別や年齢なら、この商品がおすすめです」

「このようなお礼のケースでは、このような和菓子が適切です」などのアドバイスを和菓子店の人は行う必要があります。そして、商品を選ぶ楽しみも与えます。このようなことができなければ、専門店の意味がありません。

つまり、商品を購入するお客の課題を解決できるヒントを提供する必要があります。

これらの話は、ＢtoＢでも同様です。顧客にはアドバイスや問題解決のためのヒントを提供する必要性があります。

また、購入予定者によっては、自分の課題や問題すらも発見できないケースもあります。「モノを売るのではなくコトを売る」とよく言われますが、さらに「勇気」を提供するということを忘れないでください。

そのために、マーケティングではオファーを設定します。わかりやすいことで「いま買うと○○がついてくる」などのものです。購入したいお湯を沸騰させるのです。

「この贈り物、実はもらった人に人気なんです」といった声掛けが勇気を増量させる言葉になります。これらは、やはり「小さな会社」だからできることです。

第４章　惹き寄せるためににじり寄る

「ウサギとカメ」の24時間耐久レース

日本人なら誰もが知っている寓話に「ウサギとカメ」があります。コツコツとひたすらゴールを目指すカメに対して、途中でサボってしまうウサギが負けてしまうという話です。

この寓話は、コツコツと目標に向かうことの重要性を伝えるための話だということは私にも理解できます。しかし、私は人間として、心が自立する前（そんなに昔ではありません）は、ウサギのほうが「かっこいい」というイメージを持っていました。

そして、最近では、この「ウサギとカメ」はそんな単純な話ではないと感じています。じつは「コツコツと一歩ずつ進むほうが結果的で早道だ！」ということです。

私の住む長野県松本市一帯の交通マナーは最悪です。実際に、私も交通事故に遭遇しました。駐車場から道路に進入してくる女性の車が、私の車に接触して私は田んぼに転落、右目に大きなダメージを受けました。勤めていた海外の会社も辞めざるをえず、松本の大学病院に長らく入院していました。そして信州に移住しました。

都会では電車での通勤ラッシュが戦争のようなものですが、地方は通勤時の車の運転が戦争のようなものです。「ほんの少しも待てないよ！」と言わんばかりに優先道路に強行侵入してきます。法定速度で走る私のバイクなど、「何トロトロ走っているんだ！」と言わんばかりに抜いていきます。

もし会社に遅刻したくないのなら、５分程度早く家を出ればいいのです。もし早く家に帰りたいのなら、安全運転をしてほしいのです。人を蹴散らし、早く家に着いても気持ちが良いものではないでしょう。そして、いつか取り返しのつかないことになります。この地方での主な交通手段は自動車です。事故を起こして運転免許を失効したら自動車を運転できず、羽を奪われた渡り鳥のようになってしまいます。

それと同じことが「コツコツ」の重要性にも隠されています。

弊社は相見積もりやプレゼンをお受けしません。常に心にやすらぎを持って仕事をしたいのです。

「そんな悠長な」と思われるかもしれません。しかし、カメのように一歩ずつ前に進んだほうが周囲の景色がよく見えます。そして、私には目標地点に到達するには、カメのようにコツコツと進むほうが早道のように思えるのです。

あなたに「良い会社をつくる」という目標がもしあるならば、コツコツと社員の成長に力を注いでください。人は、まずハイハイをして、その後にヨチヨチ歩きとなり、中学生のときは１００メートルを十数秒で走れるようになり、さらに陸上選手になったりもします。それでも最初は皆ハイハイから始まるのです。

また、いくら急いでいても、ガソリンがなければ車は走りませんし、点検整備をしなければ車は長持ちしません。

私が言っていることの一つは、「時間を大切にする」ということです。人生は時間の使い方がとても重要だと考えます。

しかし、「スピードを速めて仕事をする」のとは異なります。スピード感を持つのはとても重要ですが、それは決断のスピードや行動を始めるときのスピードなどの意味です。

私たちの会社では、朝の毎日のミーティングに1時間使います。出勤後15分は、準備や顧客へのメール返信に使い、その後、1時間のミーティングを行います。パートタイムの方も同様です。

この時間に情報の共有とお互いの意識を高めるための教材などを使い、気持ちを高めます。そして、本来のミッションである「あなたがいるから私たちがいる」の考え方に近づきます。

目的地に最短距離で到着するためにコツコツと準備やお互いの存在価値を高める作業を行うほうが、効率的ではないかもしれませんが、効果的なのです。

人生も事業もすべて同様だと感じています。「一歩ずつ歩む」ことは大切な行動指針です。これらもある意味原理原則であると私は考えます。

ですので、小さな会社のマーケティングは意外とシンプルなのかもしれません。「道に迷ったな〜」と感じたら、すぐにスタート地点に戻る。これに尽きます。

ちなみに、私が他者を分析するうえでよく使うのが、その人の自家用車や社用車の状態です。小さな傷を放置している人は、問題を修正できないタイプです。それは太っている人に多いような気がします（私も小太りですが……）。

そして、電話の不在着信やメールの返信が早い経営者の会社は、業績が良く、決断も早いです。一方、その反対のタイプは業績もあまり良くないように見受けられます。これらは、私の接する小さな会社の経営者への私の勝手な分析です。しかし、前職で対応したアジアの大手企業の経営者も同じような気がします。

「コツコツやり続ける」、「面倒なことは自分が引き受ける」などは、私のクレドの一部ですが、経営者としてはとても重要だと私は考えます。

心理学とEQこそ学ぶ必要あり

マーケティングの基礎は心理学にあります。ですから、私はアドラー心理学を学びます。そして、ＥＱ（心の知能指数）は営業担当には必修の技術になります。ＥＱとは、己や他者の感情を知覚、コントロールし、成功を収める能力を指すものです。経営者も当然、このＥＱを高める技術を修得してください。ＥＱを高めれば、「惹き寄せるチカラ」の基礎ができたようなものです。

もちろん企業経営は、アドラー心理学の学びとＥＱの技術を経営者が持たなくても成果は出せます。しかし、アドラー心理学を学び、ＥＱの技術を高めれば、より確実な企業成長を望めます。

アドラー心理学とＥＱは、この本のテーマである「人を惹き寄せるチカラ」の基礎となる「世界地図の中心に誰をおくのか？」というその後のテーマに関連します。

そして、アドラー心理学を学ぶと「心の動かし方」「お金の使い方」「シナジーの高め方」「Ｗｉｎ・Ｗｉｎに導く方法」など「７つの習慣」を遂行できる可能性も高くなります。コヴィー博士は『７つの習慣』を著作するときにアドラー心理学の研究も考慮していると私は勝手な推測をしています。

『嫌われる勇気』でアドラー心理学ではすべての問題と喜びは人間関係にあると説かれています。そして、マーケティングは「人間の動向をビジネスにつなげる科学」だと私は考えます。顧客、社員と経営者を取り巻くのはまさしく人間です。ですから、それらの正しい対応方法を知るうえでのアドラー心理学、そして、人を動かすうえでの重要なEQを多くの経営者に学んでほしいのです。

なかには、持って生まれたかのように、その要素が高い人もいます。私はどちらかというとかなり低いタイプで、自分の思ったことをすぐに口に出すタイプでした。

しかし、先の二つを学ぶことで、自分の失敗も他人の失敗も笑えるようになりました。そして、その失敗をプラスにリフレーミング（角度を変えて物事を捉える）できるようになりました。

社員に愛され、顧客に愛される経営こそがマーケティングなのです。もちろん、経済において全体の数値の大部分を全体を構成するうちの一部の要素が生み出しているとした8：2の法則でおなじみのパレートの法則ではありませんが、たとえ欠点だらけの私のような人間でも10人のうち2人は好んでくれます。逆に、私がどんな良い人間でも2人は私のことを嫌います。これが「2：6：2の法則」と私は考えます。

ですから、残りの6名を私が味方につけることができればマーケティングは成功なのです。すべてのマーケティングは「人間関係にある」と言ってもいいでしょう。

それには機能価値を重視するより、存在価値向上のためのEQを高めるほうが優先順位は高いと私は考えます。

なぜ、P&GやグーグルはEQを推進するのか？　それは、「出会ったすべての人を幸せに」と社員全員が思えるようになったら「小さな会社は、この世に価値ある小さな会社」となるからではないでしょうか。

小さな会社のほうがP&Gやグーグルより、全社員がEQを高めやすいのでしょう。そして、アドラー心理学とEQはリンクしているところもありますので、同時に学ぶことが可能です。

ただ、現在は過去と異なる時代です。普遍的な法則を追求して、ほかはすべて捨て去り新しい時代のマーケティングを創造してください。

どんな状況でも、良い面、悪い面があります。そして、対応する相手に勇気を与える言動をとることは、EQが高ければ可能です。たとえ新型コロナウイルスが経済に影響をもたらしても、考え方を環境に合わせて変える必要はありません。あなたの持った正しい考え方は、1年中温度を変えない井戸水と同じです。

正しい心を持って、アドラー心理学を学び人の意識を知り、常に周囲に勇気を与えるには、EQを学ぶことが役立ちます。

あなたの商品のことは、ユーザーは無知なのです

あなたの商品やサービスのことを多くのユーザーはよく知りません。なぜなら、あ

なたは専門家であり、ユーザーは素人だからです。

ですから、何かを売りたいのなら、前項で記載した機能価値をアピールするより、まず存在価値をユーザーに知ってもらう必要があります。それには誠実に仕事に打ち込むことです。

他人の自慢話を聞いていても、聞き手は愉快な時間とは感じないでしょう。自社の優れた点をアピールするのも同じことです。それよりも先に「あなたの話を聞かせてください」とユーザーの求めるユーザーの抱える課題を探る姿勢を見せるべきなのです。

これらの行為で、あなたと相手の関係が、お金と価値の交換ではなく、お金以外の価値と価値の交換だと感じてもらうことができます。

『7つの習慣』にある「理解をしてから理解される」という第5の習慣「まず理解に徹し、そして理解される」だと私は考えます。

存在価値とは、あなたがユーザーにとって、「私の話を聞いてくれる正直で誠実な人」というイメージを与えることです。信頼関係を築くことがビジネスの最初の行動であり、商品を説明するのは最後の最後となるのではないでしょうか？

このように、ユーザーが求める価値を把握することがあなたの会社が初めにやることです。ユーザーが求める価値は自分と同じではないことを理解する必要があります。

それには、自分の友だち像が明確になっていて、多くの友だちが抱える問題や課題を把握できるようにする必要があります。

そして、機能面の説明では、「自社の商品はこんなこともできます」と、その機能で可能な新しい価値をイメージさせることも重要です。

ユーザーは、何かの変化を求めます。言い換えれば「自分が変わるためのツール」を求めます。例えば、「このスマートフォンに買い換えると、デジタルに強い仕事のできる自分に見える」とユーザーが考えていたとしましょう。私たちには、この変化をイメージできるようなセールスが必要になります。

もちろん機能面について、それを行える機能を説明しますが、その前にデジタルに強く、仕事のできる販売担当であり、話しやすく誠実な雰囲気を醸し出す必要があるのです。

例えば、お客様からの重要なメールは、どこにいてもすぐに添付資料をつけて返す。その結果、あの人の対応は早く信頼できると思ってもらえるでしょう。このようなセールスが効果的ではないでしょうか。

自社の商品の機能を説明するときには、スペックではなく、顧客が求める価値にしたがって、その商品で可能な機能を、具体例を示しながら説明するのです。

要するに、「専門家だけど話しやすい」という演出を販売担当が行う必要があります。使ってみなければわからないことをいくら伝えても効果はありません。「この人が言うなら使ってみよう」という方向性にするか、「これができたら嬉しい」というベネフィットを語るか、この二つを使い分けることをおすすめします。

そのときは、対面するユーザーの表情をチェックしてください。アドラー心理学を学んでいると効果は絶大です。

さらにマーケティング的には、「この会社の商品だから使ってみたい！」「家を建てる機会があったら、あの会社に頼みたい！」と感じてもらうためのマーケティングが必要になるということです。

「商売」という概念を捨てよう

これまで示してきたマーケティングの手法に通底する話ですが、販売をするとき最も重要なのが、「売ろうという姿勢をユーザーが感じたら成果は得られない」ということです。

これは販売会議などでも同様で、「売上高」という結果にフォーカスした会議では効果は期待できません。見込み客数やマーケティングのＫＰＩ（重要業績評価指標）

でいうとＬＴＶ（顧客生涯価値）である生涯顧客について話し合うべきです。つまり、目標と現状の差を定点観測からしっかり把握し、一人の友だちが私たちの商品やサービスにどれだけ満足して取引を継続してくれるか、そこにフィーチャーすることが重要となります。

そして、もっと重要なのが、あくまでも「ユーザーに喜んでもらう」という視点からマーケティングプランを検討することです。

「商売」だからとそろばんを片手にプランを検討しないでください。顧客に喜んでもらえば利益はついてきます。

もちろん、友だちをつくるときも損失を被る可能性はあります。しかし、友だちなら自らの利益を考えず、商品とお金という関係ではなく、深い絆をつくるべきです。そして、Ｗｉｎ－Ｗｉｎの関係をどのように築くかを考え続けるべきです。

考えることをやめて、安易に「商売だから」と割り切ることにより継続的な利益はあなたの会社から逃げていきます。「商売」＝「利益を求める」という図式でなければ「商売」という概念でも問題はないのですが、新しい時代のマーケティングでは、「あの会社は良い企業」と評価されることで継続的な成長が望めるのです。

こうした経営を行うには、社員が新しいマーケティング思考になるように教育する必要があります。もちろん、売る人だけではなく、電話に出る人、モノをつくる人、運ぶ人、すべての社員がマーケティング思考になるための教育が必要です。なぜならば、顧客がいてこそ自己の人生が豊かになるのですから。

これは協力会社や間接的な関係でも同様です。「社会があるから自分がいる」という「社会に生かされている」という発想が必要です。

弊社の例でいうと、テレマーケティングのしつこくうるさい営業電話も、明るい声で感謝の気持ちを込めて対応するようにしています。立場が変われば同じことをするかもしれません。「お互い商売だから」と割り切れないものがあります。

そして何より、いつ誰が自社の顧客になるのかもわかりません。ひょっとすると、それらの人から情報を得られることがあるかもしれません。

誰であっても「丁寧に誠実に感謝を込める」という対応を身につけるべきだと私は考えます。相手を吟味してから対応を変えるなどという器用なことはできないせいもありますが、テレマーケティングのセールスもテレマーケティング会社で働いている人もこの社会を構成する大事な一人です。

新型コロナウイルスの影響で、皆が潤わないと自社も潤うことができないことがわかったのではないでしょうか。中国・武漢がウイルスを食い止められなかったので、私たちも自粛し、ビジネスが低迷しなければならないのです。中国・武漢の責任だと言っているのではなく、地球上の不幸を消し去るための行動にも協力しなければならないということです。
ＳＤＧｓに参加しなくても、地球温暖化も同様です。「誰もやらなくても自社だけはやる」という企業のライフスタイルが「惹き寄せるチカラ」となります。「商売だから仕方ない」というのは、「自分は本当はやりたくないが」と聞こえます。「お客様に喜んでもらう」「この社会で事業を行う価値がある」と考える必要があります。もちろん、商人の概念はこのようなものかもしれません。しかし、いまの時代の「商売」という言葉の響きは私を遠ざけます。

原因思考か？　目的思考か？

この項では仕事における考え方について掘り下げてみたいと思います。あなたは何か問題が起こったとき、それを解決するためにどういった考え方でアプローチしますか？

このソリューションを導くとき、大きく分けて2通りの考え方があります。それが原因思考と目的思考です。

原因思考（原因論）とは、例えば「新型コロナウイルスの影響で販売が不振になる」と原因にフォーカスする考え方です。一方、目的思考とは、「コロナ禍で外に出られないならオンラインサービスをつくろう」というように、どんな事態でもリフレーミング（視点を変えた発想をする）を行い、自己の成長に役立てる思考だと私は考えます。

できない理由ばかりを言う人や「最初から私には無理」と諦める人もいます。ですが、〝いま〟のビジネスを選んだのも自分です。どんな状況であっても、自分の選択で職業を選んだのです。起業したのも自分の自主的行為です。あるいは、事業を引き継いだのかもしれませんが、いろいろ原因はあれどそれを決めたのはすべて自分なのです。そこに言いわけは何もありません。

また、原因思考といっても、原因だけを分析して、目的のために原因を検証して対策を行うのであるならばいいのですが、原因追求で終わってしまう経営者がよくいます。

もちろん、究明できない原因もあるでしょう。しかし、それならそれで「だったらどうするの？」と先に進まなければなりません。そうでなければ、自己の成長もマーケティングで成果を得ることもありません。それは新型コロナウイルス対策でも同様です。すべて、経営者の責任です。

「雪が降ったから遅くなった」

弊社では、これは理由になりません。雪が降るだろうと予測していない、そして、それに対応できていない自分に問題があるのです。「雪」に責任はありません。

このように原因ではなく目的を追求した思考でなければ、質の高いマーケティングを行うのは不可能だと思います。もちろん、上手に目的思考になれるときと、なれないときがあるでしょう。「完璧」などどこにも存在しません。

「砂糖を入れすぎたらコカ・コーラができた」という話をどこかで聞いたことがあります。つまり、「失敗は成功のもと」ということです。チャレンジを重ねることで人は成長し、チャンスをつかめるようになるのではないでしょうか？

外部環境や他人のせいにしていては、何も解決しません。どんな成功もつかめません。むしろ、何かをするときは必ず何かの障害があると考えたほうがいいのです。

そもそも「マーケティングによるプランはテスト」とよく言われます。私も同感です。小さくたくさん挑戦して失敗を重ね成功をするのがベストです。

そのために重要なのが「勇気」と「スピード感」だと考えます。何度も同じことを言いますが、この二つを備えている経営者のいる会社は業績がいいのです。

原因思考とは、起こってしまった原因だけにフォーカスして思考する人と定義できます。目的思考とは、自分の進む道に対して不足していることを補っていく思考です。アドラーの原因論・目的論のマーケティング編だと思ってください。

目的思考は、経営者でなくても仕事をするうえで、また人生においてもとても重要な考え方だと私は考えます。

マーケティングのＫＰＩとは？

前述したように、ビジネスにはＫＰＩという考え方があります。文字通り重要な項目を定量化して、戦略を実行できるような戦術を練ることです。多くの業態では、私は以下のようにマーケティングのＫＰＩを設定するようにおすすめします。

潜在顧客（市場）「友だちを探す」
見込み客（リード／Lead）「友だち候補を見つける」
顧客（成約率／コンバージョンレート／CVR）「友だちになる」
固定客（顧客生涯価値／Life Time Value）「親友になる」

この４つを定量化して対策を練ります。例えば、見込み客から顧客になる率が一定であれば、見込み客を増やすマーケティングを行えば業績は高まります。その逆であれば、成約率を高めるために何をすればいいのかを検討します。

ちなみに、多くの企業が見込み客獲得に重点を置きます。このなかで費用が一番かかる部分のＷｅｂマーケティングや広告宣伝などを行います。いわゆる新規獲得に資源を投入するのです。特別な広告を行わなければならない業種業態も少なくないでしょう。しかし、小さな会社では、それを十分に行うための予算が不足しています。

もちろん、創業期や初期であれば、それも重要でしょう。しかし、私は見込み客獲得率を高めるためには、真の意味でのブランディングが重要と考えます。そのために「惹き寄せるチカラ」が重要になります。

私が一番重要視するのは、固定客と名付けたＬＴＶです。「顧客は友だち」と言ったのは、一度顧客になった人から生涯顧客でいてもらうためには、どんなことをしたらいいかを考えてもらうようにです。

幸い弊社では、創業時よりサブスクリプション方式を採用しているので、リピーターや紹介を得ることができます。新商品を開発したときは、固定客にアプローチしてフィードバックをもらいます。これがマーケティングによる小さなテストとなるのです。この固定客へのアプローチは、経費も時間も最小限で可能になります。

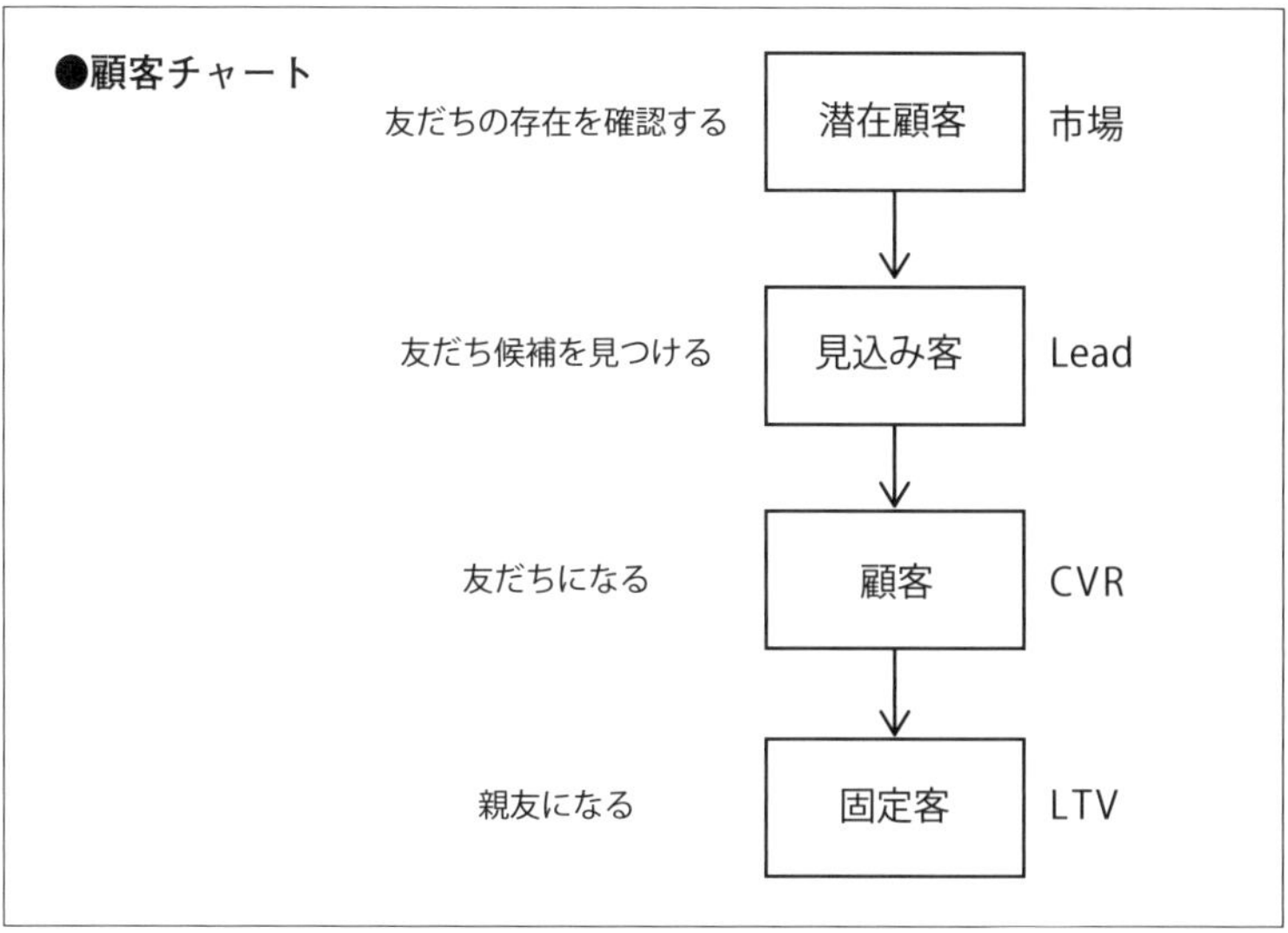

●顧客チャート

しかし、もっと大切なことは、固定客のリストです。要するに、ＯＢの対応こそ見込み客獲得のためのチャンネルだと考えます。

あるエクステリアの業者から、

「通常の顧客は一度工事をしたら何十年先でないとリピートしない。だからＯＢ客にアプローチしても無駄」

という話を聞きました。工務店も同様でしょう。ですからこのような業種は「売りっぱなし」ということになります。

ただ、多くのエクステリア工事業者や工務店が同じ考え方をしているのなら、逆にチャンスです。ＯＢの方々にも当然知人や友人もいるでしょう。ブランディングは口コミから生まれます。

「5年前に工事したけど、あの業者さん、毎年様子を見に来てくれる」

こうすれば、顧客が自分で選択した業者に納得でき、その評判が継続的に見込み客獲得率を押し上げます。つまり、「いつかあの業者に依頼しよう」と思ってもらうための戦略のほうが予算もかからず、継続した業績アップにつながります。

その他の業種でも同じです。「売りっぱなし」では、いつも忙しく新規顧客獲得に汗をかいていなければなりません。顧客の喜びより売上のほうが大切になるからです。

「売上高＝売上単価×個数」なのです。「売上単価」というのは商品価値。個数とは、ファンの数です。その数値の意味をしっかりと理解してください。

「惹き寄せるチカラ」の一つには、「売りっぱなしにせず、いつまでもお客様の幸せな生活の役に立つ」という行動指針があります。

第5章　こうしたいを実現しよう

企業理念とは、どんなものでしょうか？

企業理念とは、企業の理念を作成し明文化するということだと多くの人が理解しています。人が行動するには、行動の理由がいるということです。

アメリカの会社では、ミッションステートメント（Mission Statement）がよく企業理念の代わりに使われます。

ミッションステートメントは「組織が存在する理由」となります。つまり、組織の使命だと私は捉えていました。したがって、企業の目標、運用の意味などを記載したものではないでしょうか。

私の企業理念の解釈は、人生なら「ライフスタイル（生き方・生きざま）」であるように、企業の生き方を表すものだと考えています。

そして、ライフスタイルである人生の生き方と企業理念は通じるものが必要だと私は考えます。そこで働く経営者や社員の生きざまが、集団となり企業理念と名が変わるだけです。

そこで「人として正しく……」が個人のミッションステートメントにも企業理念に

も必要です。そして、それが本当に自分にとって正しいのかを確認する必要があります。『7つの習慣』の第2の習慣である「終わりを思い描くことから始める」を理解すると自分の生き方、そして企業のあり方が見えてくるのではないでしょうか?

仕事とプライベートを区別しようが、その人間の本質的な行動は変わりません。特に、経営者は家の玄関を開けて「ただいま!」と言った瞬間に経営者であることを忘れることができるのでしょうか。私にはできません。私も、バイクをいじっていても釣りをしていても経営のことが頭をよぎる瞬間はいくらでもあります。まして、不安や悩みがあるときなどは仕事を引きずります。

家庭で幸せを感じられないのに会社に来ると「顧客の幸せ」だとか「ありがとうの経営」だとか言ったところで意味があるでしょうか。

つまり、企業理念も経営者の生き方、社員の生き方などを反映していくものでなければならないのです。

私を「夢物語のようなことばかり言っている」と思われる方も少なくないと思います。しかし、『7つの習慣』の著者であるスティーブン・R・コヴィーが「人間は社会に役立つために生まれた責任がある」というようなことを言っていたと、どこかで読んだことがあります。

私は、すべての人間が「心正しく、美しいことを好み、人のために生きたい」と感じて生まれてきたというよりも、魚の赤ちゃんが水のなかで生活できるように、それを本能として、人間はこの世に生まれてきたと思っています。ただ、さまざまな場面で心の底にある心を隠していかなければならない人生があっただけ。そう理解しています。

ですから、「人間は変われる」というよりも、心の底にある本能のようなものを浮き上がらせ、貧しい心を隠すことにより「変われる」と考えています。

社員に人生を考える時間をつくってほしいと話したり、『7つの習慣』やアドラー心理学などを学ばせる時間をつくることによって、きれいに掲げられた額縁のなかの企業理念が生きてくるのではないでしょうか。

仕事とは、人間が生活するうえで重要なものです。また、仕事をするうえで経験するものは、書籍からの学びより遥かに尊いものです。

したがって、私は仕事を通して、自分の所有する機能価値と存在価値を活用して、「社会の一員として精一杯生きた」と胸を張って言いたいのです。

そして、できることなら社員にも自分で見つけた価値を誠実に生き、同じように感じてもらいたいものです。

与えられたものを最大限に活用して、毎日を経営者としても、良い家庭人としても、良い社会人としても生きる覚悟がないと、企業理念をつくっても応接室の飾り物になるだけのことです。
「惹き寄せるチカラ」を持つ人は、これらの覚悟ができている人となります。

イーロン・マスクこそ、現在の救世主

このトピックは、あまり「小さな会社」に関係ないように思えるかもしれませんが、ＹｏｕＴｕｂｅなどで彼の発言を聞くと私はたびたび感動します。そして、彼は、マーケティングを理解しています。

イーロン・マスク。スティーブ・ジョブズを超えたとも言われるアメリカの実業家で、事業はロケット開発やロサンゼルスの渋滞解消のための地下トンネル、電気自動車テスラと複数の事業がありますが、今回は電気自動車テスラの開発時のマーケティングについて紹介します。

電気自動車テスラの第1号車は量販車を避け、希少な高級車でブランディングを行いました。量販車でない以上、収益は得られません。しかし、電気自動車による高級車のポジショニングでリードできるのです。

トヨタ自動車とは戦略が大きく異なります。トヨタ自動車はリーダー企業のポジ

ションも獲得しているので、その歴史から大きな冒険ができません。

高いところに位置している企業は辛いものです。その地位を維持するという自らが作り出すバイアスは非常に強く、自社を高めるための作業より、自社の地位を維持するための作業のほうが優先順位があがり、精神的に辛いのです。

ある意味で自動車業界においては、テスラは小さな会社です。だからこそ、時代に対応できる「いまの最適化」をノータイムで行えます。一時的な利益を失っても、継続的な利益を得ることができます。

何かを得るとき、何かを失うのも原理原則です。そして、日本には「損して得取れ」ということわざがあります。

「そこに価値があるならやる」という信念を持つイーロン・マスクは、アマゾンのジェフ・ベゾスと考え方は異なりますが、人類の救世主です。彼の語る価値とは、「人類の未来のために」だと私は勝手に理解しています。

生きる価値、経営する価値、すべて人間は自己が選択し、自己が評価する価値によって行動します。崇高な価値も他者から見て低俗と感じられる価値もあります。そこで初めて、イーロン・マスクのように常識を変えることができるのではないでしょうか。

化石燃料がこの地球上から消え去ったとき、テスラは地球を救います。一方で、地球温暖化で地球が破滅するようなことがあったら火星で生活ができます。イーロン・マスクの火星向けのロケット開発の数度の失敗は、最後のチャンスをものにしました。これこそ挑戦を続けた成果でしょう。

いま、地球を救ってくれるのは彼ではないかとすら思えます。テクノロジーが地球を救うのです。もちろん、イーロン・マスクのリーダーシップによるのですが。

他人の価値判断ではなく、自分の価値判断で行動する。これも「惹き寄せるチカラ」を養うための重要な考え方です。

ザッポスのような会社をつくりたい！

ザッポス・ドットコムは、アメリカ合衆国ネバダ州ラスベガスに本拠を構える、靴を中心としたアパレル関連のネット通販サイトを運営する会社です。ＣＥＯはトニー・シェイ。２００９年7月にアマゾン・ドット・コムに当時の史上最高額で買収されました。

「朝起きたら、会社に行くのがワクワクする会社をつくる」との思いからトニー・シェイはザッポスに参加したそうです。

そのザッポスには、通常のネットショップでは考えられない戦術が複数あります。まず、ザッポスは広告を出しません。その代わり、SNSを徹底的に活用し人気を博しています。ザッポスの徹底的なサービスに多くの感動の秘話があるのです。それがSNSで口コミになり、評判になります。

そして、ザッポスは「ザ・リッツ・カールトンホテルの靴のネットショップバージョン」のような、常識では考えられない高いサービスを行っています。

ザッポスを探求していると、長野県長野市のタクシー会社である中央タクシーの会長、宇都宮恒久さんの「お客様が先、利益は後」という言葉を私は思い出します。彼の話に気づきを得て、私も救われた時期があります。

さて、読者の方は、トニー・シェイやイーロン・マスクの話をすると「自分とは関係ない」と思われるかもしれません。しかし、先ほど述べたように、テスラは自動車会社としたら、とても小さな会社です。ザッポスも最初は小さな会社なのです。その2社が世界的な成功を収めたという事実も踏まえ、そこから学ぶべき点はたくさんあると思います。

社員が主体的に信じられないサービスを主体的に行うザッポス。利益という言葉を辞書に持たないようなサービスです。しかし、「ありがとう」が連発されます。そして、次々と事業を拡大していくための策が、すべて顧客目線で行われるのです。

「これ、業界の常識だから」と自分を業界に縛り、業界の常識という牢屋に自分を閉じ込め、自分の信念を全うできない人生を送る意味や価値はどこにあるのでしょうか。そして、そんな牢屋に住む経営者にかけがえのない人生の時間を提供する社員をどう感じますか。

これまで私が示してきたように、すでに「お客様の感動が先で、利益があとから付いてくる」、「社会の一員として役割を果たし成長していく企業」のエビデンスは整っています。さらに、利益追求型で社会から消えていく企業のエビデンスも。

いま、「小さな会社」がザッポスを見習わないで何を見習えばいいのでしょうか。いつの日か私もラスベガスに行き、ザッポスを訪問したいと思っています。そこには世界中から企業訪問者が訪れているそうです。

これからのビジネスモデルは共創で価値を高める

アマゾンの躍進は誰でも知っていますよね。アマゾンと言うと、ネットショップの会社というイメージでしょうが、アマゾンのＷｅｂサービスも全体の売上の50％に近づいているそうです。さらに火星へのロケット開発などがこれからの事業展開らしいです。

この会社には3つの大きな特徴があると私は考えています。その一つは、CCC（キャッシュ・コンバージョン・サイクル）が高いことです。噛み砕いて言うと、商品を届ける約3ヵ月前に現金を回収しているのです。さらに凄いのは、利益率を高めるのではなく、ほとんどの利益を投資に回すこと。いままでの経営感覚だと、利益率を高め株式配当を高めてさらに資金調達をするということでしょう。

小さな会社でも20%程度の経常利益を求めるのが理想的だと考えます。そのぐらいないと一人あたりの生産性が1500万円程度になりません。

弊社は資金力がないので、通常の企業よりかなり高いCCCで運営されています。制作完了までに制作額の60%以上を回収しているのです。Webサイト制作という業態だからできることかもしれませんが、倒産の危機を免れることができます。

二つ目は、ほとんど基本的なことですが、もともとアマゾンは、ほかのインフラを利用して顧客の求める価値への提供を行っています。

他人の商品であるクレジットというシステムを利用し、加えて、すでにある流通を活用してアマゾンが成り立つのです。現在、アマゾンはこれらを自社で賄うように活動しているようですが、いずれにせよ、クレジットシステムや宅配システムがなければ成り立たないビジネスです。

言い換えれば、ほかを利用して賢いビジネスモデルを構築しているということになります。これが私の唱える「共創」の時代の始まりだと考えます。これこそが真似してほしいやり方となります。

三つ目は、ユーザーを活用して各商品にレビューを掲載することです。売り手のメッセージより、買い手・使い手のコメントのほうが信頼度があります。もともとアマゾンで販売しているのは、ちょっとしたレビューによりユーザーが商品を選択できるアイテムになります。専門家の説明やカスタマイズ、さらにオーダーメイドなどの商品はアマゾンに向きません。

簡単にユーザーが選択できるような商品をネットで販売したいのなら、独自のＥＣサイトなど考えず、アマゾンに出店することをお勧めします。

一方で、Ｗｅｂサイト制作を行っている弊社では、アマゾンのＴＯＰページのない（すべてがマイページ）表示システムは、唸り声を上げたいほど優れていると感じています。

話が逸れましたが、「共創」とは読んで字のごとく、ともにつくるという意味です。そして、共創はいまの時代が要請していることなのです。それは、これからのビジネスで高まるユーザーの欲求には、一社の機能価値では対応できないということを意味します。

満たされた欲求は、欲求にはなりません。人は常に新たな欲求を求め続けるのです。ポケットベルが便利だと感じた時代が終わり、大きな携帯電話、そして、小さな携帯電話、さらに現在のスマートフォンと変化してきました。現在、ポケットベルは日本では販売されていません。テクノロジーの進歩が人の生活様式を変えるのです。この点も小さな会社の経営者はフォーカスしておく必要があるでしょう。

そして、ユーザーの欲求を満たし、サービスを高め続けながら顧客を生涯顧客に押し上げるには、一つの企業では限界が来るのです。

ユーザーの変化を止めることはできません。したがって、企業はユーザーの変化に合わせるか、リードしていく必要がありますが、一社では対応できないのです。

となると、これからのアフターコロナ時代では、多くの業種のなかで淘汰される企業が増えるということになります。

そんなときにキーとなるのが、個性である希少価値を提供する専門的な「小さな会社」だと私は考えます。

ショッキングな話かもしれませんが、重要と供給のバランスと生産性の角度からも日本全国の企業数は減少を免れないでしょう。特に「小さな会社」が多すぎる現状は、日本の経済成長に大きなマイナスとなります。

「強い会社が生き残れるわけではない……時代に順応できるものが」と私の前職の経

営者が全体メールで送ってきたダーウィンの進化論を引用したビジネス的進化論の解釈です。そして、生き残れる企業とは、原理原則にしたがい進化する企業だと私は思います。

希少価値を高めるにも、異業種との共創やアマゾンのようにほかのサービスを利用してさらに価値のあるビジネスを展開することが必要です。

ＥＣサイトには、当然のようにクレジット決済や流通は不可欠です。しかし、もうそれだけでは不完全で、その先として「何を付加するのか？」、それを探し続けなければなりません。それがこれからのビジネスの新しい可能性です。

顧客の多様化した価値観をさらに高め、「これ欲しい！」とユーザーを唸らせる商品・サービスを開発してください。

正解のない時代の選択と行動

価値観が多様化し、「何が正しいのか？」が不明確な時代です。もしくは、正解があったとしても、それを受け入れることができない時代なのかもしれません。

例えば、経営に関する異業種交流会や研究会などで、学びを求める経営者に提供されている学びは、すべてと言っていいくらい正解ではないでしょうか。しかし、それらすべてを経営で実行することもできません。

本来なら、自社の経営の不足点を学び、それを実行するべきなのですが、多くのビジネス講演などで経営者はまるで映画を鑑賞しているように「良い話だ！」と聞き惚れますが、聞くだけで何も講演者の話しからヒントを受け、それを実行していないように感じられます。

また、論理的に考えるとビジネスはすべてリスクが伴いますので、そのリスクのことにフォーカスし、石橋を叩いて壊すほど慎重な経営者が多くいるのも事実です。

重要なのは行動するための「勇気」をもつことです。

私の趣味であるバイクのレストアは、1970年代から1980年代に生産されたバイクを購入して、それをすべて分解し、色などを塗り再度組み上げるものです。ところが素人の私は、分解して組み立てるときに、その順番を間違えたり、部品を紛失したりさまざまなトラブルが発生します。そんなとき私は、「分解したものが組み上がらないわけがない」、「直らないバイクはこの世にない」と笑い飛ばします。

また、部品を組むときによくあることですが、1度目は上手くいかなくても、3回目ぐらいにはとてもスピーディーに組み上がります。失敗を繰り返すことで私は成長します。成功者の話は過去の成功体験です。いい話だと感じたら直ぐに実行するべきなのです。

また、重要な部分では「カメ」になります。結果を急ぐとロクなことがないので、十分な時間を取ることにします。

最後に私は「やればできる」と大喜びをします。

何でも、挑戦するには時間とコストがかかります。最後はフィーリングで決めて実行するのもいいでしょう。意外と「正解だ！」と思うことは失敗しますから。「他社がやっていない」という判断基準でもいいでしょう。そのように経営者自身が決断のモノサシを持つことです。

その挑戦が自社だけの正解と結果的になるのです。

そもそも、いまはマーケティングでは行うことすべてが失敗であり、その失敗から正解を見つけるという時代ではないでしょうか。言い換えると、いまの最適化で決断をして、修正に修正を重ねるということです。

ですから、先のことやリスクばかり考えていると、この時代に優れた経営者に成長することは不可能なのかもしれません。

弊社の顧客で、Webサイト制作でも1年程度検討する経営者がよくいます。1年という時間の無駄をその経営者はどのように考えるのでしょう。たぶん、ほかに忙しいことがあるのでしょう。しかし、経営者や現在を生きるビジネスマンは、優先順位がつけられない人に仕事を任せたいと私は思いません。

『7つの習慣』の一つである第3の習慣「最優先事項を優先する」には、とても重要な意味があります。ここで説明は控えますが、仕事のできる人、人生を幸せに生きる人には重要な習慣です。

私たちは学生ではありません。正解の数を集めて評価されるのではありません。100回失敗しても1度成功すればいいのです。その一つを見つけるためにもマーケティングを取り入れてください。

「正しい考え方」とは？

正解のない時代と前項で説明しました。同様に、「正しい考え方」も不明確な表現です。自分にとっては正しいと思うことが、相手にとっては正しいとは思えないこともあります。

そこで、私が定義する「正しい考え方」とは、「自分にとって正しいと思えること」です。「人として」正しいと表現しても価値観が多様化する現在、さらに不明確になります。「当たり前ですよ」と誰かに伝えても、私にとっての「当たり前」となるので、すべての人にそれが通じるかどうかはわからないのです。

一方で、私が定義する「自分にとって正しいと思う」正しい考え方とは、単純に自分本位のわがままをベースにしたものではなく、2人以上で構成する社会においては相手のことを、社会的に考えてみるということです。究極的には人類としてそれがどうかと考えることも必要です。

もちろん、最終的には自分の視点での判断となりますが、自分の価値観を大切にしていくには、「社会に生かされている自分」を強く意識することが必要です。つまり、ほかの人たちの価値観を尊重したうえで、正しいか正しくないかを考えます。

先に述べたように、いくら考えても「正しい」と自分が思っても、他人はそう思わないかもしれません。たとえ世界中があなたの「正しい」を認めなくても、相手に配慮した考え方、もしくは十分に社会配慮した考え方であると自分が感じるのなら、それがあなたにとっての「正しいこと」なのです。

いずれあなたの考える「正しいこと」も人生の経験や学びで変わることでしょう。それは仕方のないことです。過去も未来も関係ありません。あなたがいま、与えられたもののなかで「正しい考え方」をすればいいと私は思うのです。そうでないと基準がなくなります。

その正しいことを行動に移すためのクレドを自己に課し、そして、原理原則を学ぶのです。

口で言うのは簡単ですが、道は険しいかもしれません。しかし、今日という日を満足に行動できなければ、幸せを感じることはできません。

最終的に自分は社会のため顧客のために最大限を尽くしていると認識できれば、自分を信じられるでしょう。

あとで「やっぱり、この考え方は正しくない！」と感じたら、修正をすればいいのです。すべてが「いまの最適化」だと考えてください。

あなたの会社の考え方を受け入れられない企業もあるでしょう。実践的に学ぶこともあるでしょう。書籍から学ぶこともあるでしょう。経営者としても、人間としても間違いなく、あなたは進化しているのです。であれば、過去に「正しい」と思ったことも変わるのです。

5秒で決断する

引き続き決断力の話になります。ご存じの方も少なくないと思いますが、テレビの司会者や作家として有名なメル・ロビンズが提唱した「自分を変えるのに必要な時間」の考え方は、世界各国の知識人によるスピーチ動画を配信している「ＴＥＤ」でも人気を博しました。

その考え方とは『５秒ルール』と呼ばれるもので、５秒でやると決めれば、やらない言いわけを考え出さないということでした。

しかし、５秒で「どうやるか」まで決められないと私は思います。ですから私は、「５秒でいつから始めるのかを決める」ようにして、それをスケジュールにしています。

この考え方はまず「第一歩を踏む」ということを重要視しています。できるだけ早く、第一歩を踏まないと、次の課題に気を取られてしまいます。いま一歩を踏まないと、いつまで立ってても現状は変わりません。

いや、何もしないと、ジェームズ・アレン『「原因」と「結果」の法則』の説く「心の貧しい人は庭の手入れをしない」状態になります。手入れをしないと雑草が生えて庭が荒れるように、あなたがもし何もしないなら、いずれ何らかの災難に見舞われます。というよりも、自分の人生を自分らしく生きられなくなります。

何度もお伝えしますが、すべては失敗から始まるのであれば、早く失敗をしたほうがいいのです。

「やるかやらないか？」を悩むより、５秒で決断することはとても重要な技術かもしれません。もし、私のように早合点をする人は、「決めたことを3日後に見直す」など、自分に最適化したルールをつくってもいいのです。経営やマーケティングでも、何かを決めるときの基準やルールをつくると判断もしやすいのではないでしょうか。ただ、そのルールさえ間違っているかもしれません。しかし、それはそれでいいのです。「常に変更」、「常に進化」なのです。

前項で説明した通り「正解のない時代」です。正解を探していく人生で、あなたが墓場に入っても正解かどうかはわからないかも知れません。。それでも、他人にとっては正解ではなくても、自分にとっての納得のいく生き方を見つけることはできます。

読書について

多くの経営者は、機能価値では優れていても想像力に欠けるタイプが多いようです。現在の私は、『7つの習慣』とアドラー心理学関連の自己啓発本を何度も読みます。この二つのカテゴリーを深掘りすれば、ほかに本を読む必要はないようにさえ思います。

ですが、小説や研究成果を発表する書籍、成功者の本は読みます。特に読むのが小説です。直木賞にノミネートされた作家の本も読みますが、村上春樹や五木寛之が好きで、そこで多くの登場人物に感情移入をします。このことにより、分析力やイマジネーション力を養うことができます。

物語のなかで、私はほかのタイプの人生を生きます。それは映画やテレビドラマでもいいのですが、できの悪いテレビドラマを見るより、本を読んだほうがイマジネーションを働かせることができます。オーディオブックでもＫｉｎｄｌｅでもなく、アナログな単行本。それを病院の待ち時間やちょっと空いた時間に読めるようにします。

テレビ番組では、ナショナルジオグラフィック（ＴＶ）の「カー・ＳＯＳ 蘇れ！思い出の名車」が大好きです。「水戸黄門」みたいないつも同じ流れの番組で、最後のシーンで私の涙をさそいます。体を悪くして名車のレストア（再生）ができない人の所有する車を、家族の依頼により完璧にレストアするのです。

持ち主が病気を抱えているなどの事情で、サビだらけのスクラップ車同然の名車が新車のように蘇り、それをサプライズで持ち主にプレゼントします。家族や友人の前で完璧なレストア車を渡されるのです。本人はレストアしていることを知らされていないので、車を渡されると感動します。そして私も一緒に涙します。

このような共感は、その人の気持ちを完全に理解できるわけではありません。しかし、その人の苦労を想像します。他人の人生の苦労など他人にわかるわけはありませんが、「苦労したんだね。ご苦労さん」という感情を私は大切にしています。他人の悲しみも喜びも素直に受け入れ、人に本当の意味で優しい人間になりたいとも思います。それが私の社会への感謝の印かもしれません。

マーケティングや経営に直接的に関係ないかもしれませんが、私は、この感情を大切にしています。ですから、想像力は高いと自分でも感じます。それが正しことかどうかわかりません。しかし、他人の感情を知ることはマーケティングには重要だと私は考えます。

読書やドラマ鑑賞は、想像力を養うツールだと私は思います。良い小説に出会ったときは感動し、自分の生き方にも影響します。そして、仮説を立案する能力が高まります。

「ニーバーの祈り」

神よ、変えることのできるものについて、
それを変えるだけの勇気をわれらに与えたまえ。
変えることのできないものについては、

それを受け入れるだけの冷静さを与えたまえ。
そして、変えることのできるものと、変えることのできないものとを、識別する知恵を与えたまえ。
アメリカの神学者、倫理学者ラインホールド・ニーバーの説教（大木英夫訳）

これは私が大切にしている考え方ですが、このように、自分の力では変えられないものを変えようとするからフラストレーションが発生するのです。妻、子ども、社員、顧客などの考え方、感情、行動は変えることができません。

変えられるのは、いまの自分の行動です。現実を受け入れ、いまできることを全力で行う勇気を出すことです。

目標を達成するという結果だけを求めると、焦りや不安が生じます。それより、いまを楽しむという生き方や仕事の仕方を変更することが必要です。

エベレストに登る人は、ヘリコプターで登りたいのではなく、自分の足で登りたいのです。そのための準備をします。装備を整え、訓練をします。そのときから登山者の登山は始まっているのです。登っていることを楽しむのです。

結果は未来のことです。結果だけにフォーカスすると、結果が達成できていない毎日では楽しく過ごせません。私の抱える目標や結果は、それを考えているときから達成していくのです。そして、いまの自分とのギャップを楽しんで埋めていきます。「これでできるんだ！」ではなく「できているから後はこれをやるだけ！」というリフレーミングをするのです。

身近なことを引き合いに出すと、渓流釣りに行ってヤマメを釣るという目標を私は立てます。フライフィッシングの疑似餌《ぎじえ》づくりやツール選びから釣りは始まります。「渓流を歩きヤマメが釣れた」と仮定をして、釣りの準備がスタートするのです。その準備が楽しいのです。ヤマメやイワナを入手することだけがあなたの求める結果であれば、極論を言えば、スーパーでヤマメやイワナを購入するか、管理釣り場で釣りをすればいいのです。ビジネスの目標や計画も同様だと私は考えます。

結果は、そのときのいろいろな条件により異なります。しかし、挑戦したという事実は残ります。その挑戦が成長につながり、成長は喜びになります。

スティーブ・ジョブズの、「私は毎朝、鏡に映る自分に問いかけるようにしているのです。『もし今日が最後の日だとしても、今からやろうとしていたことをするだろうか』と。『違う』という答えが何日も続くようなら、ちょっと生き方を見直せということです」というスタンフォード大学の卒業式の有名な演説。その意味は理解できたのですが、その気持ちを実感できるようになったのは最近です。

『7つの習慣』の第2の習慣に「終わりを思い描くことから始める」とあります。私の解釈は、死を迎える間近に「思い残すことなく挑戦したよね」と自分の人生は価値があったと感じられることのみに挑戦するということです。そして、自分の人生に納得できる状態にするということです。そのために真に自分が生きたい目標を再確認する必要があります。

マーケティングも同様です。結果にフォーカスせず、結果は当然得られるもので、いまの現状とのギャップを一生懸命に埋める作業を行いましょう。いまをフォーカスするのです。

原則は、先のことよりいまを最大限に楽しむことです。

第6章　正しく理解する原理原則

イノベーションの勘違い

どんなことにも原理原則が存在します。原則とは、科学の法則と同じように森羅万象に通ずる規則であり、どの時代でもあっても当てはまる連続性があるものです。

もちろん、マーケティングにも原則が存在し、小さな会社の経営者のための「惹き寄せるチカラ」とは、その多くの原則を守り、自ら作成したクレドを実行することにより養われるチカラだと考えます。

そこで、この章ではマーケティングに関連する各種の「原理原則」について説明していきたいと思います。

ドラッカーは、企業を構成するのはマーケティングとイノベーションだと説いていました。どちらもクリエイティブな作業です。社長室の机の上ではできない創造的な作業です。異業種経営の勉強会などでも、イノベーションの気づきを得ることは不可能ではないでしょうか?

例えば企業理念もクリエイティブな作業なので、企業理念を学ぶことはできません。ただ、理念の使用方法は学べます。イノベーションも同様です。学んでするものではなく、「探して見つける」というか「気づき」により発見することとなります。

釣りをしているときや友だちと酒を飲んでいるときなどにヒントに出会うこともあります。新しい挑戦の継続から失敗により見つかるものかもしれません。

私は、よくクライアントには、コカ・コーラや３Ｍのポスト・イットの開発秘話をお話しします。砂糖の量を間違えてできたコカ・コーラや強力な接着剤をつくろうとしてはがせる付箋をつくった３Ｍ。両方とも、本来の狙いとは異なる失敗から生まれた産物です。エジソンのように異なって挑戦を続けた成果なのです。最初から成功する開発などありませんよ。粘りが重要な成功のファクターではないでしょうか。つまり、挑戦を続けることです。

あるいは、パート社員からヒントを受けるケースもあります。それには、どんな人からでもヒントをもらおうという癖を身につけることです。そして、周囲の人に共感する必要があります。

例えば、デザイン思考では「自社の商品をまったく購入しない人」たちに共鳴します。その一方で、「常連」にも共鳴します。この二つのタイプの視点に立ち、二つのタイプの動向を理解する必要があります。つまり、この二つのタイプになりきって、いや、なってみて、「何が必要?」と考えるのです。

ところで、イノベーションとは何でしょうか?　私は豆腐屋さんが油揚げを開発したようなものをイノベーションと呼びます。イノベーションには、ほかのビジネスを真似するカンニングが活用できません。カンニングから自分の気づきによりイノベーションすることはできますが、それよりも「常識へのアンチテーゼ」的な発想が重要になります。

マーケティングもその意味では同様かもしれません。イノベーションでは自分で「気づく」というよりも、自分の想像力を試すしかありません。

よく、複数の事業を行う企業があります。一つのカテゴリーが不調でも残りの四つがカバーできます。しかし、このような考え方ではこれからは通用しないと私は予想します。

そんな考えで、五つのカテゴリーの仕事を開拓したとしましょう。しかし、それでは一つのカテゴリーだけを天職として誠実なビジネスを行っている企業と比べると安易に見えます。

そんなに簡単に一つの事業が完成するものではないと私は考えます。もちろん人材開発に長けた経営者のもとでは可能かもしれません。ですが、どれも中途半端になります。

また、そのような経営者は思いつきのように新規ビジネスを複数開発します。一つの事業が成功しないから複数の事業に手を出すのでしょう。飲食店でも同様で、「ここでだめだからほかの場所へ」と考える前に、いまの条件で最大限の努力を行うべきです。ここでできなかったことが、別途後で可能になると私には思えません。もちろん、特別な事情がある場合を除きます。現在、与えられたもので「何ができるのか？」を探す必要があります。

イノベーションとは、豆腐屋さんのように一つの事業を朝早くから黙々と行うことから生まれるものではないでしょうか。ただ矛先を変えたような事業でイノベーションは起こりません。挑戦が必要なのです。イノベーションもマーケティングの成功も挑戦し続ける覚悟と勇気が必要だと私は考えます。

私は、自分の仕事を愛し天職だと信じている経営者であれば、特に新しいイノベーションを考えるより、自分の顧客の抱える課題や問題点を常に追求していくほうが結果的にイノベーションの可能性のあるヒントを見つけることができるのではないかと考えます。

また、本書のテーマである「惹き寄せるチカラ」の一部は、こんなひたすらな人間のライフスタイルから生まれるのです。どこかの経営者の勉強会などだけで学ぼうとするから、「気づき」のチカラを失うのです。

経営者にとってマーケティングは命です。ですが、「楽しく→学び→気づき→実践する→失敗して→やり直す」という流れになりますので、仕事以外の趣味などを行っているときのほうが「気づき」を得られることも多々あります。

そして、「楽しく→学び→気づき→実践する→失敗して→やり直す」には勇気が必要です。勇気を持って周囲を信頼してマーケティングを実行することです。

売れない食堂から学ぶ

複数の事業を行っている企業の経営者の考え方は、まるで原因思考のように私には感じられます。結果的に原因思考の経営者は、決断力がなくスピード感に欠けます。理由は自分に自信がないのでしょう。他人を信用できないのでしょう。

つまり、勇気が足りないのです。多くのことを目の前の状況だけで判断しているようです。どれをとっても他社と差別化できる事業を行っているわけではありません。そして、事業を複数行う結果、Ｗｅｂ戦略などを行うための予算も十分にかけられません。

しかし、怠け者であったり、責任感がないわけではありません。むしろ、そういった経営者は、よく勉強をするのです。ただ、勉強をしすぎて何も行動できないのではないでしょうか。

経営を勉強することは悪いことではありません。しかし、物事には優先順位があります。マーケティングは小さなテストの繰り返しから生まれるものです。そして、現実は変化しています。経営を行ううえでスピードは重要な要素です。学ぶことに忙しくて実行できない経営者など本末転倒です。

突然ですが、ここで食堂をイメージしてみてください。

天井下の壁際にメニューが並んでいる食堂の外には、決まって出前用のカブ（バイク）が置いてあります。昭和の食堂です。入ってみると決まって暇そうです。

ですが、メニューはたくさんあり、繁盛しているラーメンを主体にした食堂が、私の住む街の近くにあります。私はこの店の「適度に美味しくない」のが救いだと思っています。気取らず行けるし、食べたいものがなかったり、ディナータイムを過ぎたときに重宝します。

要するに、この店にも価値があるのですが、こういった昭和の食堂には専門性がなく、非効率な経営をしているので、来店者に与える価値が不足します。

それに代わり店内の壁が油だらけの中華屋さんには、根強いファンがいます。ラーメン、餃子などの美味しい昭和の味があります。そして、店独自の看板メニューが必ずといっていいほど用意されているのです。あるいは、人の良いキャラクターの立った店長や女将さん、従業員がいたりします。付加価値ですね。

「あそこのピリ辛ラーメン食べたいな〜」とか「あの店長に会いたいな〜」と、新型コロナウイルスの自粛中でも我慢できないほどのテイストを醸し出さなければ、浮き沈みの多い飲食店の世界では寿命は短いでしょう。

簡単なことです。あなたの専門分野にほかの要素を加えればいいのです。例えば開業歯科医院専門会計士などという三つの専門要素（開業＋歯科医院＋会計士）で新しい価値が創造できます。ユーザーは専門性に弱いのです。特に「開業」などの新しいチャレンジを行うときには専門家を求めます。

原則1は、希少価値のある専門家になることです。自分の好きなことでも商品は絞ること。一つのことができなくて、複数のことはできません。まず一つのことの希少価値であり、なおかつその専門家であることです。

友だちの「納得」をつくり出す

ユーザーという定義と顧客という定義は異なります。ユーザーは市場にいる人々です。顧客は友だちです。そして、友だちには金銭には変えられない価値があります。

あるスーパーの経営者は、間違って古いりんごを50万円分ほど仕入れたそうです。

しかたがないので売れない古いりんごをジャンクとしてディスカウントして売り捌いたそうです。

この行為は、失敗した50万円の仕入れ代金の回収だけにフォーカスした行為で、私の言う原因思考の経営者です。古いりんごに50万円かけて、顧客の評判を悪くしたのです。

そして、消費者には「安く購入した」ことを忘れ、「古いりんごを買った」という記憶が残ります。消費者は、自分の都合の良い解釈をします。まず、そのような消費者の体質を知ることも必要です。

「古いものは売らない！」という理念とその遂行力があれば、これらのりんごは廃棄処分です。しかし、顧客を大切にできます。

原則2は、「やっぱりここで買って良かったね」、「あの人に頼んで良かったね」と友だちに感じてもらうことです。

人は自分の選択を後悔したくありません。つまり、納得が欲しいのです。この友だちの「納得」を追求すれば、業績は時間の経過とともに拡大路線を辿るでしょう。LTV（生涯顧客価値）を高めるほうが新規顧客を追うより経費もかからずストレスも少なくなります。

「楽しい仕事をして、楽しめる会社をつくりたい」と私は願っているので、できるだけストレスのかかる仕事を社員に行ってほしくないのです。

多摩大学大学院名誉教授で社会起業家論の田坂広志先生の話のなかで、「戦略とは『戦いを略す』と書く」とおっしゃっていました。生意気ですが、私も同感です。戦略を立案するときに、すぐに妥協して自社の「お金」のことを中心に考えることで、戦略とも呼べない駄作を立案する経営者がいらっしゃいます。大切なのは独自性で希少価値を高めることです。まったく残念なことです。

簡単に言えば、「あの人に関わって良かった」という仕事をしなければなりません。その理由は簡単で、「自社だけ」「私だけ」などという考え方では、世の中は生きていけないからです。

私たちは一人ひとりの存在価値があり、私たちは社会の人々に生かされていることを念頭に置いて戦略を立ててください。そして、市場で大切なのは購入後だということです。

「前味・中味・後味」と言われるなかで、「また、食べたい！」、「また、行きたい！」、「また頼みたい！」と思わせることが一番重要なマーケティングです。こうして友だちが納得してくれれば、ほかの顧客を紹介してくれなくても友だちの納得感により結果的にほかの顧客を惹き寄せます。

原則2は友だちとは一生付き合うつもりで、自分を選んでくれたことを感謝し、友だちを大切にして、「あなたを選んでよかった」と納得してもらうための行為をするということです。

ビジネスは価値と価値の交換

「ビジネスは、商品（製品・サービスを含む）と金銭の交換です」

これは誰もが言うことでしょう。しかし、「購入したものが価格通りであればいい」と顧客は満足をするでしょうか。

例えば、猛暑日に冷えていないコカ・コーラを40円で売っても、誰が「欲しい！」と感じるでしょうか？　商品とは、顧客が欲しいときに売れるもので、猛暑日なら自動販売機で売っている120円の冷えたコカ・コーラを選びます。

富士山登山の途中で冷えたコーラには大きな付加価値が付きます。「1000円でも飲みたい！」という人はいるでしょう。そして、購入者は「よくここまで運んできて、コーラを冷やして売ってくれたね。ありがとう！」とまで思うかもしれません。

ここでお伝えしたいのは、これからのビジネスは、「あなたが提供する価値」と「購入者の感謝の気持ち」の交換であると考えてほしいのです。価格は価値です。ある人には1円の価値のないものも、場所・方法・時間帯・提供方法で変わるのです。この価値をどう高めるかが経営者の仕事です。

そう、つまりはマーケティングです。どこでも売っているもので、付加価値をつけられます。問題は売り手が妥協するから買い手も妥協するのです。

企業とはお金を集める組織ではなく、そこで働く人たちが幸せになり、地域に貢献する集合体なのです。そのために利益が必要になるのです。ソーシャルビジネスを推奨しているのではありません。

お金はお金を大切にする人に集まってくると私は思っています。それは大切にお金を使う人とも言えます。お金のコレクターにお金が集まるのではないと私は考えます。

すべてのビジネスは、「人と人」によってなされるものです。上場企業は株主を見ます。それと同じように、小さな会社が利益だけを追求したら人は集まってきません。やってくるのは「お金だけが価値」だと考える顧客です。そして、そのような顧客はあなたのビジネスより他社の価格のほうが安かったりすると、すぐにほかに行きます。

私たちが求める顧客は、大切な友だちです。無条件で関係を続ける相手なのです。それが深まれば親友になります。

「ビジネスは、商品（製品・サービスを含む）と金銭の交換」だけなら生活だけのために関係を続けるということになります。もちろん、初歩的には、この考え方でいいでしょう。

しかし、さらに「良い会社にしたい！」、「社員を幸せにしたい！」と思うのなら、自社の提供する価値と相手の「ありがとう！」という価値の交換をしてはいかがでしょう。

原則3は、お金は価値ではなく、価値を手に入れるための資源の一つにすぎないということです。それだけを価値と考えてはいけないということです。

夕焼けをバックにした富士山を「新しい」とは誰も言わない

富士五湖周辺をドライブしているとき、カーブを曲がり切ったところで夕陽がかかったアメージングなシルエットの富士山が見えることがあります。感動的なこの風景を、人は「新しい」と感じるでしょうか？　新しいものだけに価値があるわけではありません。

新しいものだけを追いかけて変化を望み、その目的が達成できればそれはそれでいいでしょう。しかし、変わらない普遍的な原則という大切なものがあります。そして、そこにフォーカスすることで逆に変えなければならない部分が見えてくるのです。

何度も書きますが、ビジネスは「人と人の関係」の上に成り立つものです。必ず、ビジネスのプロセスには人間関係が関わります。売り手、つくり手、買い手、使い手……と必ず「手」がいます。もちろん、人間の手のことですね。

普遍の原則を学ぶことで、マーケティングがスムーズに行えます。いや経営も同様でしょう。私は、「惹き寄せるチカラ」を獲得するために、普遍の原則に基づき、自らのクレドを設定して、原則をトレースすることを心がけています。

日本の社会心理学者、早稲田大学名誉教授、早稲田大学エクステンションセンター講師、日本精神衛生学会顧問、ハーバード大学ライシャワー研究所客員研究員など、たくさんの肩書を持つ加藤諦三先生の「テレフォン人生相談」というラジオ番組がありますが、加藤先生の「イソップ物語」に関する書籍を読むとよくわかるように、「生き方」にも原則があります。イソップ物語も加藤先生の解釈にしたがえば大人の寓話のようなものです。

これらの書籍の通り教育されていれば、人生を賢く生きることができると思います。たぶん、あなたもイソップ物語の豚や狐や狼のような生き方をした部分もあるでしょう。

また、先駆者の経験が原則となるのであれば利用する必要があると私は考えます。松下幸之助やデール・カーネギーなどの成功者の書籍を読むと、共通する原則が書き連ねられているのを理解していただけるでしょう。

私は成功者の語る共通点を原則にしたり、クレドにするようにしています。マーケティングにも原則はたくさんあります。そう考えるとどんな時代でも新しいものだけで成り立っているのではないと私は考えます。

原則4は、原則を掘り下げると変えなければならないことが見えてくる、です。人々の関係には普遍的な原則がたくさんあります。

目標設定もちょっとだけ必要

「経営計画・事業計画などを作成して目標に向かう」

そんな話をよく聞きます。もちろん大切なことであり、必要なことでしょう。しかし、他社と差別化をするならば、他社が行うその上を行かなければなりません。

目標設定は必要ですが、そこから課題を設定する必要があると多くの経営者は考えるのです。しかし、「人と同じことをしない」という私の基本的な考え方からすると、それではチャンスを逃します。

人生は長くありません。優先順位を間違えないでください。何をするにも順番を間違えると正しいことを行っても成果は得られません。

目標を目指し、結果を出すことにフォーカスすると毎日が楽しくなります。目標値に足らなければ意味がないという考え方に陥ると企業戦士をつくり上げるだけです。もちろん、目標設定という方向性は必要です。しかし、結果（成果）にフォーカスしてはいけないという話です。

私は、2020年6月に首の頸動脈が極端に狭くなっていることが検査で発覚して、6時間に及ぶ手術を行いました。手術自体は全身麻酔なので私自身には何の問題もありませんでした。手術前も症状がなかったのでバイクのサイトばかり見ていました。しかし、術後の集中治療室での約24時間が悲惨でした。身動きができず、1時間ごとに意識の確認をさせられました。生きるという作業の大変さを改めて知りました。

さらに1週間後、手術結果を知らされる数日は、不安に襲われました。「もし、手術が成功していなければまた手術？」という不安です。

だから、私はしばしば瞑想で「現実をありのままに受け入れる」という心を鎮める作業を行いました。すると、すべての力が抜け平穏な心になるのです。

そこで気づいたのが、「自分は生かされている」という感謝の気持ちです。それからは、私は「ありがとう」をいただくことを目的とせず、「いつも感謝」というライフスタイルに変更しました。そして、「今日を生きる」にフォーカスをしました。仕事のタスク、家庭のタスク、遊びのタスク、社会のタスクをその日のできる限り楽しむのです。「しなくてはいけない！」ではなく、「これをやろう！」と目標を達成するためではなく、１日を最大限生きることを目標にしました。

さらに、「目標を達成するために頑張る」のではなく、「いまやっていることが目標達成につながる」と心から思えるようにしました。「できるかな～？」と考えて毎日を過ごすのではなく、「できている。後は時期を待つだけだ！」と考えればいいのです。目標達成時といまのギャップを見つけてそれをこなしていくのです。

結果などにフォーカスをしてはいけません。それは、そのときでなければわからないことです。

第7章　制約と誓約で成約する

クレドで「惹き寄せるチカラ」を養う

「惹き寄せるチカラ」とは、簡単に説明すると〝人間力〟のようなもので、目的思考でマーケティングをするということです。ただ、私も完璧な人間ではありませんので、「惹き寄せる力」を獲得するために自分へのクレド（掟）を作成し、それを守るようにしています。そして、「今日はできたな～」とか「今日はだめだったかな～」と自らを省みています。

私は自分で決めたクレドを、ビジネスのうえでも人生においても区別なく、実行しています。経営者が「自分は上手に社員の心を捉えて経営している」、あるいは「人間として正しい経営をしている」と思っていても、家庭でもそれが指示されていないと、本当の意味での正しい経営者になれないと私は考えています。

もちろん、社会に出ても同様です。酒を飲むと豹変する経営者もいます。私は酒に酔うと人間の本質が現れるのだと考えています。

要するに、人間は仕事でも、家庭でも遊びでもそれぞれの顔を持っていても、行動の本質は変わらず、その人のライフスタイル（生き方）や人間性が出ると私は考えています。帰宅したときに、かぶった帽子を脱ぐように性格や人格が変わるわけではありません。

私は、マーケティングで正確に時代の流れを把握して、クレドで正しく生きるように自己を矯正しています。

これらを一般の心理学的で解説すると、DOING（行動）とBEING（存在）ということになります。BEINGである存在価値で人を惹きつけます。DOINGは仕事の能力や行動に対する機能面のことだと私は解釈しています。

営業担当は、よく自社のことや自社の商品の機能ばかりを話します。これを私は「独り言」「自慢話」だと評しています。

営業で大切なのは信頼関係です。相手のことを知らないのに、会社や商品の説明は不要です。お互い時間がとても無駄になります。そんなことより、相手を理解しようという姿勢や誠実に感じる対応のほうが顧客を惹きつけます。

そして、「売る・買う」の図式では、心のコミュニケーションは成り立ちません。他社の悪口なども同様です。しかも、そのように行ってもすべてが上手くいくわけではありません。

ですから、自分で自分の掟をつくるのです。それをひたすら実行できるようにするのです。そうすれば、思想が行動を呼び、成功のルーチンをつくれるようになるのです。

マーケティングとは、人を幸せにして、そのリターンをもらうための技術です。技術ですから誰でも修得できると私は信じています。しかし、演出や偽りの言動では、相手にすぐバレてしまいます。

自己の幸せのために世界地図の真んなかに自分を位置づけず、「惹き寄せるチカラ」を身につけ継続した毎日の幸せを感じて生きるには、クレドを実行することだと考えています。自己の存在価値が高まっていくと、マーケティングや経営をする機能面が高まると信じて自己を矯正しています。

いま私が幸せを感じているのは、自分が変わっていくことを知っているからです。

人の不幸の上に自分の幸福を乗せない

弊社のWebサイト制作では、プレゼンや相見積もりも行いません。相手のことを理解しないで仕事はできないからです。まず、信頼関係をつくる作業ができなければ、仕事はお引き受けしません。

ときどき相見積もりの依頼を断ると、「御社にやってほしいが事務的作業なので」

と言われる方がいらっしゃいますが、設計図・仕様書もないので金額は出せません。また、もし、プレゼンや相見積もりで自社が受注すれば受注できなかった他社は不幸になります。このような競争を避けられます。

「そんなこと言ってビジネスができるの？」と言われるかもしれません。ですから、専門性と希少性を合わせたサービスを提供するのです。

ブルーオーシャンとまではいかなくても、競争や戦いは長い目で見て、得るものはありません。「勝てば恨まれ、仇を討たれる」、「負ければバカにされる」ということになります。

ビジネスは1年や2年だけやればいいのではありません。永遠に継続させたいと経営者なら誰でも思うはずです。であるならば、年月をかけて企業が成長できる方法を選ぶべきです。

また、新型コロナウイルスで感じた方もいらっしゃるでしょう、繰り返しますが地球のどこかで不幸が起こると自分たちも被害を被るということです。バタフライ効果です。リーマンショックは、アメリカの片田舎の住宅ローン会社が引き起こした小さな問題です。ですが、世界的な経済問題に発展しました。

私は、同業者であれ、幸せになってほしいのです。自分だけの幸せなんて、ある意味ではありえないのです。業界が発展すれば、見返りもあるでしょう。

戦って勝ち続けると、「いつか負ける日が来る」と不安感が幸せを見つけられないように襲ってきます。

この時代に「食うか食われるかのビジネスの世界」という言葉が通用するのは、上場企業ぐらいです。株主の利益を優先する経営でしか、できない考え方かもしれません。

クレド1は、他人の不幸の上に自分の幸福を乗せない。そのために、まず関わる人の幸せを最大限に考えて行動をする、です。

「ありがとう」を言い続ける

どんなときでも「ありがとう」と声をかける練習をしましょう。私はコンビニで何かを購入したときでも「ありがとうございます」と必ず言うことにしています。

「私は世の中の人に生かされている」という感謝の気持ちを忘れないために、私は「ありがとう」をもらう経営ではなく、「ありがとう」を言い続けられる経営を目指します。これがクレド2です。

その感謝の気持ちから、「周囲や社会のために」と意識が向きます。感謝されて嫌な気分になる人はいません。コンビニで何かを買うとき、レジを担当するのが学生や外国人のときには、私のほうが笑顔で大きな声で「ありがとう」と言っています。そして、それを受けたアルバイトの人が気持ち良く仕事ができれば幸いです。

それでも感謝の言葉を言い忘れることがあります。特に身近な人には「ありがとう」を忘れがちです。そんなときは、スマートフォンのメッセージや次回お会いしたときに「あのときありがとうね！」と感謝の気持ちを伝えます。

合理性ではなく、効果性を求める

デジタルを活用する目的は、合理性や利便性ではありません。当然、便利なほうがいいのですが、合理性や利便性だけを追求すると、見えるものが見えなくなります。ですから私は、毎月200枚程度の請求書をクラウドで作成するのですが、プリントアウトして、承認印を一つひとつ丁寧に押して、一社ごとに感謝の気持ちを込めます。

クラウドでは請求書の自動発送をしてくれます。しかし、それでは各顧客のことを意識する気持ちが薄れます。感謝の気持ちを持って請求書発行を行うことはできません。時には、手間をかけたり、「面倒くさい」と思えることをコツコツやることも重要だと私は考えます。

このような考えから、私のｉＰｈｏｎｅやＡｐｐｌｅ Ｗａｔｃｈには、私が幸せに生きるためのアプリやプログラムが設定されています。そのようなものを私は率先して活用します。

いま流行のＭＡ（マーケティング・オートメーション）やＣＲＭ（顧客関係管理）システムを、弊社ではハブスポット社の代理店として販売もしています。

なぜ、この世界で一番使われているというシステムを利用したのかというと、インバウンドマーケティングの採用により、私の目指すマーケティングを行えるサービスだったからです。

ヒルトン・ホテルでは、スマートフォンで予約すると、スマートフォンがルームキーに変わり、チェックイン時も、チェックアウト時の決済のためにカウンターに並ぶこともありません。これは「便利」、「人件費削減」というメリットのほかに、宿泊者にとっても煩わしい手間が省けて嬉しいことです。よって、効果性の高いデジタル活用になるのです。

小さな会社では、経営者がデジタル好きでないと、デジタル化が遅れがちです。新型コロナウイルス対策時にもデジタルの活用が遅れました。それは、デジタルを心から理解していないからです。そして、そんな経営者は未だにデジタル活用ができず苦戦しています。

「本を読めないのは字が読めないと同じ」という方がいらっしゃいましたが、いまの時代は「デジタルを活用できないのは、未来も捨てたと同じこと」だと私は思います。

私は自分の仕事の手間や時間が短縮するという視点だけでは、デジタルを活用しません。問題は、その効率化や合理化が社員のためになり、ひいては顧客のためになるのかという視点です。

クレド3は、「合理性ではなく、効果性を求める」という表現になりましたが、「本質を見極めろ！」と同じ内容になります。常に「そもそも」という原点からの発想が必要なことを戒めるクレドになります。

問題にフォーカスするのではなく、チャンスにフォーカスするとは？

以前私は、部下が失敗をすると心を乱していました。そして、その部下の至らない点しか目に映りませんでした。私は、彼を機能面でしか評価していませんでした。彼の劣っている点だけにフォーカスした行為です。

このように、問題ばかりフォーカスすると チャンスを見逃すばかりか、心が病んできます。かけがえのない人生の1日を暗いものにしてしまいます。「良い会社をつくりたい!」という思いでアクセルを踏みながら、問題点ばかりフォーカスするような行為は、ブレーキを掛けていると同じです。これでは前に進みません。

問題が発生したときは、その問題の先のチャンスを見つけ出すか、そのほかのチャンスに目を向けるべきです。ですから、問題を取り違えることこそが大きな問題になるのです。絆創膏で処置するのか、しっかり薬を塗って傷口を完璧に塞ぐのか、どちらにしてもそこにエネルギーを注ぎすぎないことです。完璧などという言葉を自分の辞書から捨てることから始めましょう。

「人はコントロールできない」ことを理解できれば、自分だけが自分をコントロールできることが理解でき、行動を促進させるための「勇気」、決断をスピーディーに行える「勇気」が湧いてきます。

私は、何度も述べてきたようにビンテージトライアルバイクレストアというマイナー趣味の持ち主です。しかし、バイクの整備は素人です。1台のバイクを修理して、自分好みのデザインにするために何度も失敗を繰り返します。そこで、私は失敗したら大笑いをするように心掛けています。すると、いままでできなかったことが魔法のようにできるようになります。失敗は新たなチャンスの発見ですから。

問題にフォーカスすると精神的に暗くなります。チャンスを見つけるとワクワクします。ですから、失敗や自分の欠点は認め、問題も覗き込みますが、すぐにチャンスを探すようにしています。

クレド４は、現実は直視するが見続けない、すぐにリフレームしてチャンスを見出すということです。そして、ＥＱを高め、どんな問題が発生してもリフレーミングして人に対応する。これらにも日々の訓練が必要になります。

「面倒くさい」と感じたら大切なことだと考える

「面倒で人の嫌がることをコツコツと行う」

このクレド５が私の一番重要なポリシーだと思います。

ですから、本書の冒頭で話した朝の散歩と清掃が一番重要になります。疲れて行えない日は、駐車場に向かう道のりで、捨ててあるタバコの吸殻を拾って車内ゴミ箱に捨てます。私の経験では、「面倒くさい！」と感じて行わなかったことにより、重大な問題が発生するケースが多いのです。

また、経営者は「人の嫌がることを喜びとして行えるようでなければ経営者失格」だと、私は自分に言い聞かせています。その理由は、「私は社長だ！　役に立っている」と自分を承認するためです。

この行動により、多くの見返りがあるときもあれば、まったくないときもあります。しかし、アドラー心理学を学んでいると結果は「課題の分離」となり、私がコントロールできることではないのです。したがって、結果は求めません。

こうした行為に意味があるのか？　人が嫌がることだから、価値のないことかもしれません。しかし、その行動をする価値を決めるのは他人でも家族でも社員でもお客様でもなく、私なのです。

ある日、道端にビール瓶や食べ残しが、道の右端から左端まで横断するように落ちていました。私はなぜかとても嬉しくなりました。「捨てる人がいるから掃除する人がいる」というわけのわからない論理で、楽しんで片付けていました。こういったメンタリティも、あるいはこのクレドの効果かもしれません。

とにかく、私は面倒くさいことをクレドとしてコツコツこなしてきました。「コツコツ」とは、私の辞書では「ボチボチ」と同意語です。焦っても良いことがないのです。そして、継続がチカラとなるのです。

また、どんなことでも、このように自分のクレドとして設定してあると、「できるようになる」のです。「面倒なことは楽しい」のです。そして、いままでできなかったことができるようになることが幸せを実感する瞬間です。人には「よくやるよ！」と言われることも、私にとっては喜びの一つになります。

問題は、「これは良い！」と感じても手足を縛られた囚人のように行動できないことです。そういった、恥ずかしさや同調圧力、世間の目や世の中の変な常識に捕らわれず、正しいことを行える心の解放もこのクレドのおかげです。

タバコの吸殻が目に入って通り過ぎても、バックして拾い上げることができます。人に「失礼だったかな～」と思えるようなこともすぐに謝罪ができるようになります。このクレド5の裏には「できないことができるようになる喜び」を得ることが控えています。

クレド5は、社会という共同体、ビジネスという共同体、会社という共同体、家庭という共同体に貢献できるような人間として自立を目指し、自分の認める価値観により行動をするということです。これがとても大変なことなのです。

第8章　惹き寄せるチカラ

人間主義のマーケティング

約束を守る、連絡をすぐに返す、時間を守る、言いわけをしない、感謝をする、人の悪口を言わない、自慢をしない、周りの人や相手に小さな気遣いができる。

私が経営者の人格分析をしたうえで出てきた、業績の高い経営者の特徴です。

当たり前のことを当たり前に行うなかで、他人の価値観を尊重し、自分が変えられないものと変えられるものの判断ができ、他人に勇気を振りまき、社会の一員として人生を楽しむライフスタイルを行うと人が惹き寄せられ、経営やマーケティングにほかの人と異なる発想が生まれます。

「惹き寄せるチカラ」とは、人やビジネスチャンスが集まるための行動を日々行うことで養われるチカラです。「あの人に仕事を頼みたい」、「いつかあの会社の商品を購入したい」、「困ったな、よし、あの人に相談しよう」、「あの会社を訪問すると元気が出る」、「あの会社に電話すると、なんだかやる気が湧く」、「あの会社の広告が忘れられない」などを感じてもらえるチカラです。

企業が、質の高い人間力を持つ集団、仕事に誠実で楽しい集団となることで、楽しい仕事ができるのです。

もちろん、企業経営が成功するにはさまざまな方法があるでしょう。しかし、過去の成功要因が必ずしも現在利用できるとは、私は思いません。

この「惹き寄せるチカラ」が、これからの「小さな会社」の経営者が行うべき「良い会社になるマーケティング」だと私は考えます。

100年前のアドラー心理学によって、100年後の私たちが、仕事のあり方を深く考えられるようになりました。もちろん、アドラー心理学の研究者である岸見一郎先生や幅広いジャンルで数多くのベストセラーを手掛けるライターの古賀史健さんのお力は絶大です。お二人の共作である『嫌われる勇気』と『幸せになる勇気』の「勇気二部作」に、本書の内容がかなり影響されているのは間違いありません。

ですが、この「勇気二部作」が人気を博したのも、それを求める時代の背景があったからではないでしょうか。人間主義のマーケティングの時代が地方の「小さな会社」でも必要になっている時代だということです。

いまの時代、企業組織が小さいことは利点です。そして、「人と人の関係」も「小さな会社」が最も得意とする部分です。大手企業や利益だけ追求している企業には、成功の可能性が低いと私は考えます。

セブン－イレブンは優れた機能のコンビニですが、朝の顧客を勇気づける会話をすべてのアルバイトが行うことは難しいですね。マニュアルでは対応できない時代です。スターバックスコーヒーのマニュアルのない質の高い接客もやはり、多くの店舗があるなかでは威力は薄れてきます。ただ、時代の主流は、スターバックスコーヒーのように「私がいるから私たちがいる」というミッションになりつつあります。「世界の誰もが幸せを感じられる世界に」と素敵な心で人を惹き寄せるのです。

その裏には、多くの人が「優しい心に触れたい」、「自分らしく暮らしたい」という時代の要請があるような気がします。機能面だけに執着した生活のなかで、「優しさに触れる」ことが最高の幸せなのかもしれません。

そんなときのマーケティングは、「人を大切にする」、「機能面やお金に執着しない」ことです。マーケティングは、企業とそこで働く人が、明るくいまの幸せを自覚して企業活動を行うことなのです。

その意味で、売り込むのではなく、人が集まってくるためのマーケティングを実践するときがいまなのです。

そして、「惹き寄せるチカラ」をつけるには、優しく、人のために行動する宮沢賢治の「雨ニモマケズ」の人のような心と行動が必要になると私は考えます。

特に新型コロナウイルスの影響でデジタル上での人間と人間の交友が求められる時代になりました。

私としては、多くの犠牲を払って時代の進化を加速させたのが、新型コロナウイルスです。この状況でたくさんのことを失って、人類は進化するのです。正しい生き方や仕事の仕方、そして価値観の変更がもたらされたと思います。

価値観の変更といえば、「営業」という肩書の名刺が不要になることをその昔、ドラッカーは語っていました。「マーケティングは営業を不要にする」。そんな話から10年以上が経過しています。

これまでのビジネスの世界は、「機能重視」でした。しかし、それほど差のない商品やサービスは、機能面だけでは顧客とつながり続けることはできないのです。「自分の利益のために金銭という代価を支払ってもらう」のような図式こそ、終焉を迎えたのではないでしょうか？

「はじめに」でご紹介したように、私は朝の川べりのゴミを拾いながら散歩をしています。小さな川ですが、餌を求めるカモが目的地に向かう姿を見ると、川の流れを利用して上手に移動しています。

そのとき、レバレッジの考え方の一部が見えたような気がしました。「ほかの力を利用して幸せになる」とは、時代の流れに上手に乗る方法を考える必要があると認識しました。

そして、いまは「優しすぎる時代」なのです。それを利用して幸せな人生を送る必要があることに気づきました。

個人の価値観の多様化が進むと、他を尊重することが必要になります。一方で、他の価値観を尊重するものの、無視をするという傾向もあるでしょう。

デジタル化されればされるほど、「人の温かいぬくもり」が重要になります。要するに変化する部分と、どんな時代でも変わらない価値が逆にクローズアップされる時代になるのではないでしょうか。

壁にボールを思いっきり投げ続ける毎日

小学生の頃、土曜日の夜7時になると私は近所の工場の壁にボールを投げつけていました。テレビアニメ『巨人の星』を観たあとです。よく反響する壁素材に強いボールを投げつけると、スピードのあるボールが私のグローブに収まります。いまなら多くの少年たちはサッカーボールを蹴りつけるのでしょう。

弊社には、営業部門がないことをお伝えしましたが、多くの経営者に見返りを期待せず、善意を投げつけています。

この考え方は、京セラ創業者の稲盛和夫さんの仏教的な利他の精神とは似ていますが、少し異なります。私の行動のすべてが自己の幸せのためなのです。そのために周囲の人や経営者の皆さんにボールを投げるのです。

「自分が社会のために十分頑張った」と認識できれば、他人がどのように感じようが、それはアドラー心理学の「課題の分離」となります。

極論を言ってしまえば、人の目を気にして生きても、その気にした人々は私の墓場まで追ってきません。ですから、投げたボールから返ってくるのは利益ではなく、「今日も一生懸命投げつけた」という自分への褒め言葉なのです。このような行動の一つひとつが「惹き寄せるチカラ」を養成します。

私と同じ様な考え方の人もたくさんいて、私の顧問先の長野県上田市のリフォームワン株式会社の会長山崎清さんは「与える」を家訓として、お墓に彫り込んだということでした。「人生とは与えること」だとイエス・キリストのような考え方です。とても優しく理解力が高く、鳩を400羽も飼っている素晴らしい方です。

仏教もキリスト教も何千年という長い年月引き継がれたコンテンツなのですから正しい考え方なのです。しかし、私には信じるべき神はいません。私の目の前や周囲で発生することはすべて現実で、それを「どのように受け入れるのか?」という問題だけです。

また、前述の会長の人格に比べ、私はかなり未熟なので、「与える」がちょっと上から目線の対応だとも感じます。だから、「幸せのおすそ分け」という表現が私にはちょうど良いかもしれません。

このように「幸せのおすそ分け」をするのですから、「壁にボールを思いっきり投げ続ける毎日」では、まず自分が幸せを感じなければなりません。死ぬまでに使えないお金を保つ必要はありませんが、現実的には金銭的な多少の余裕も必要でしょう。そして、仕事・家庭・遊び・社会の人生のタスクを充実させることによって、さらに「惹き寄せるチカラ」を養います。

『7つの習慣』も同様です。ボールを壁にぶつけるためには、存在価値も機能価値も高める必要があります。まず、人間として自立して、ほかと交わり共創でシナジーを活用できれば、さらに私自身が幸せを感じることができます。そして、結果的にマーケティング力を高めることができます。

志を持って毎日壁にボールを投げ続けてください。壁の素材やボールが壁にぶつかる角度によっては、自分に戻ってこないことも多々あります。また、忘れた頃に突然戻ってくることもあります。すべてが結果につながると考えないでください。これが人生です。

世界地図の真んなかに友だちや社員を設置する

日本の世界地図は、日本が中心に描かれています。しかし、アメリカの世界地図では、日本は端に位置します。同じように、自分を世界地図の中心として経営やマーケティングを考える人は少なくありません。

以前、ある女性政治家が仕分け作業で「なぜ2番ではいけないのですか？」と問うた有名な話がありました。多くの方には異論があるでしょうが、私も同じ質問を投げかけたいのです。

以前、私は「1位と2位の差は大きい」と説いていました。しかし、目的思考では、1位になることが目的ではなく高速なコンピューターを開発することが目的であれば、順位にこだわる必要はありません。

自分がいつも中心にいると認識しているから、自分の考えを中心にしたマーケティングプランをつくるのです。「顧客の声」などと言って、実は自分が利益をあげるための策を立案したり行動したりするのです。世界地図の真んなかに友だち（顧客）をおいて考えてください。自分を地図の端において考えてください。

「謙虚」という言葉があります。謙虚な人は人に好かれ、ほかから何か吸収するタイプになります。ですから、「惹き寄せるチカラ」と似たような効果は得られるでしょう。

また、人は自分に敬意を持ってくれる人を好みます。自分を大切に思ってくれる人を大切にしようと思います。

「企業は人です」とよく言われます。ならば、世界地図の真んなかに社員を位置させることはできないのでしょうか？

社員が幸せで自社を愛し、自社の商品を愛さないで、企業も商品も人の心を動かすことができるのでしょうか？

つまり、「私のことよりあなたのことを教えて」、「私よりあなたがやってみて」、「私よりあなたの問題を先に解決しましょう」というアプローチができれば、相手は気持ちの良い反応をしてくれるでしょう。

アドラー心理学的に言えば、「主語」を変えるということです。夫婦であれば、「私の幸せ」ではなく、「私たちの幸せ」ということです。会社で言えば、「社長の幸せ」ではなく、「株式会社○○全社員の幸せ」を追求するのです。

どんな経営者も「良い会社をつくりたい」、「社員を幸せにしたい」と思っているでしょう。そのために社員をコントロールしたり、社員が失敗するのを咎めたり、社員がやるべき仕事をやらせていないようなことはありませんか？　いわゆる「アクセルとブレーキを同時に踏み込む」作業を毎日送っているのではないでしょうか。

その結果、経営者はフィットネスクラブによくある自転車のペダルを汗だくになって一生懸命漕いでいるように、前には進まない状態に陥っているのです。

「謙虚になる」とは、同意語として、「いま、自分に与えられたものでほかを幸せにする」という考え方も同時に意味すると私は考えます。

ほかを僻《ひが》むことなく、争うことなく、ビジネスを行い、社員・友だち・社会に自分の存在でできる限りのことを行うということです。「社員の活躍のフィールドを提供して、友だちの価値観を読み取り、自分がいまできることを提供する」ということになります。

このような毎日を送っている企業には、顧客が勝手に仕事を依頼してきます。最強のマーケティングだと私は思います。「小さな会社」だからできることではないでしょうか。

すべては実践力がなせる技、だから「勇気」を養う

マーケティングは常に小さなテストの連続です。その性質上、社長が考えたマーケティングプランは90％以上の確率で成功しません。だから、小さく行うべきなのです。そして、できれば複数行ってください。一つずつ小さく完璧も求めないのがコツかもしれません。

また、「早く世に出す」ことが大切です。その結果、「失敗」というフィードバックをユーザーからもらえます。そこからが非常に重要になります。すべての答えを出せるのはユーザーなのです。

我が社のマーケティングは、ほぼ成功します。その理由は、「やり続け、改善を続ける」からです。もしくは大きな矛先は変えるかもしれません。ただ、この場合、『7つの習慣』の第3の習慣である「最優先事項を優先する」を実践してください。一度に複数のことはできませんので、緊急性のあるものより、将来的に会社の命運をかけるような大切なマーケティングから始めてください。いま「はじめの一歩」を踏んでいかなければできないことを優先するのです。

このように、「すぐやる」という企業文化が企業の成長を押し上げます。ときには、かなりのフライングをしている場合もあります。「５秒で決断する」のところでも紹介しました。「すぐやる」ことであなたは先駆者になれます。時期が来ればユーザーが顧客となり、友だちとなり集まってきます。時期が来なければ、またほかの調整をすればいいのです。

考えてみれば、マーケティングだけでなく、事業経営というのは、すべて未来を追いかける作業です。その未来を想像するのは、いまなのです。

実践なくして「学びはない」と私は考えています。例えば、書籍で知った知識は、次の朝の朝礼で「これやってみない？」と社員に尋ねます。そして、「わからないからやってみよう！」という話になります。

すべてがわかることなどないのに、「ちょっとわからないので……」という話を私は受け付けません。これこそ、原因思考なのです。わからないからこそやるのです。

経営の決断力には「勇気」そのものが必要だと思います。その勇気を養うには、成功のための考え方を知ることです。

本で読んで学ぶ、セミナーや直接出向いて経験者やエキスパートに話を聞くなどの方法がたくさんありますが、一番重要なのが原理原則にしたがうということでしょう。

自分のなかに挑戦をするための判断基準になる物差しがあれば、スピーディーに決断できます。そして、実践力が高まります。

実践をする勇気を持つことです。それを行ったときの他者の反応など気にすることはありません。「自分は失敗を続けて、チャンスをものにするんだ」と考えればいいのです。

私の知人、大沢利充会計士によると、成功した経営者は「私は運がある」と言い、失敗した経営者は「私は運がなかった」と言うそうです。

成功する経営者は、失敗を続けるなかで成功できるチャンスを見つけたので、自分が「運が良い」と感じたそうです。運が悪いと感じた経営者は、「運」を惹き寄せる挑戦をしてこなかったのでしょう。そのように私は理解しました。

話はそれますが、遺言書の普及を精力的に進めている大沢先生は、『想いが通じる遺言書の書き方』〈監修：堀田力〈弁護士〉さわやか福祉財団理事長、推薦：故・日野原重明〈医師〉「新老人の会」会長〉という遺言書の書き方の書籍を出版しています。

私は、この本により毎年正月に、お世話になった人たちに「何ができるのか？」と考えながら遺言書を作成しています。毎年、法的に何も効力を持ちませんが、いままでお世話になった人たちに十分な相続ができない自分、いただいた恩に報いるには、まだまだ仕事も頑張らなければいけない自分を見つけています。

それは『「原因」と「結果」の法則』を読めばわかります。

「幸運」だと感じた経営者と「不運」だと感じた経営者の違いのように私には思えます。

行動するには勇気が必要です。上手くいくかもしれないし、そうではないのかもし
れません。すべては未来のこと。何もしていない経営者にとってはギャンブルのよう
なものに感じますが、挑戦しない経営者に果して未来はあるのでしょうか。

行動を起こさない限り何も変わりません。そして、変化に挑戦している1日は、大
切な人生の1日だということです。私たちに与えられた時間は有限です。イキイキワ
クワクしている人に、人々は集まります。会社も同様です。

その行動の一つの選択肢として、デジタルの活用があります。これについてですが、
前述した通り、私は多くの機会に「本を読めないのは字が読めないのと同じ」と誰か
の言葉を引用してクライアントと話します。

私たちが販売するハブスポットのCRMでは、マーケティング、営業、サービスな
どデジタル化して仕組みをつくります。Webサイト、いわゆるホームページでは、
ユーザーとの関係性を構築し、ブランディングを行います。さらに、SNSではパー
ソナルなブランディングと人々をつなげます。

これらのデジタルツールの導入をスムーズに行えるのは、経営者自身がそれらを使
用していたり、「何でも効果のありそうなものは経営に取り入れる」と考える前向き

な経営者です。

反対に、「英語」に拒否反応を持っている人や「デジタルは苦手」と言いわけをしている経営者は、自社へのデジタルの導入がことごとく遅れます。

「好き嫌い」以前の問題として、「ほかが使っていなくても、役に立つと思ったら導入する」と考える必要があります。すべて横並びでは、業界の常識も崩せません。そして、「製造業だから……」、「サービス業だから……」、「卸売業だから……」、「小売業だから……」とできない言いわけを探すよりも「まずやってみる」という実践力を発揮するための「勇気」を養ってください。

何度も伝えますが、はじめは「必ず失敗します」。しかし、一度は苦戦しても「成長できるから」と割り切ることが必要です。

繰り返しますが、勇気を養うために役立つのは学びです。複数の成功者の声を聞けば、共通部分を見出せます。その先駆者の声を聞き、「そういえば、あの人がこんなことを言っていた」と決断をするのです。

どんなに学んでも、それを実行しなければ無駄な時間を使ったことになります。もっと時間を大切にしましょう。時間を上手に使うことは「人生を上手に生きた」ということでもあり、経営自体も意味のあるものになります。

逆に上手く使えない人は、ただ「忙しい！　忙しい！」と言っているだけで成果や成長が見込めません。

そして、考え方や行動に変化を起こすにも「勇気」が必要です。変化するという作業には、過去の否定となる過去の考え方の切り捨てが伴います。しかし、人生の時間を考えてください。ぐずぐずしているとあっという間に80歳を超え、あなたは病棟でベッドに横たわり、後悔の念とともに終焉を迎えることになります。

「人生は一度限りです」、「いつ死ぬか誰にもわかりません」、「必ず人は死にます」という多摩大学大学院名誉教授の田坂広志先生の言葉を考えると、「いま勇気を出さなくて、いつ出すの？」と思います。

人生のかけがえのない大切な1日や1時間を価値あるものに使ってください。そして、その生き方を経営に活用してマーケティングを行い、ユーザーに幸せを提供してください。そこまで考えられるようになると勇気も湧いてきます。

「決断力」「実践力」のガソリンは、「勇気」だということを改めて認識してください。

社内マーケティングで内部を強化

この本で何度も言及していますが、自社を愛し、自社の商品を愛せない社員がいる会社で、どうやって業績を伸ばせばいいのですか？

私は不可能だと考えます。「愛のない人生」などありえないように、自社を愛せずにどのように自社商品に自信を持ち、友だちのために尽くせるのでしょうか？

もちろん、属人化した営業者やプロダクトでは可能かもしれません。しかし、そんな会社では将来の成長は望めないでしょう。

ですから、経営者には財務管理というものが必要ですが、それと同等、いやそれ以上に「社内マーケティング」が重要だと考えます。

この本のほとんどが、ここに集約されるかもしれません。「社員からの尊敬を受ける経営者」対「経営者から尊敬される社員」という構図をつくる必要があります。「惹き寄せるチカラ」は、顧客より社員を見ている経営者のチカラ、といえるかもしれません。そして、社員には、「1．自分、2．家族、3．会社の仲間、4．お客様、5．社会」という順番で大切にしてください」と伝えています。そしてある時はその逆の順で与える力を使う時もあります。

家庭で問題を抱えている人は、幸福感を持たず出勤をします。しかし、オフィスには仲間がいると感じてもらえれば、冷えた心を癒やすことができるでしょう。私たちは、私たちなりの最高のチームづくりを目指します。

もし、あなたが「企業は人」であると考えるのなら、その人の人生に役立つ支援を会社が行うことが必要です。「こう生きなさい！」とはコントロールしません。ですが、「正しく生きることの素晴らしさ」を感じてもらうための努力をするのが、会社の役割であって、経営者が行うべきマーケティングなのです。

『7つの習慣』の第1の習慣は、「主体的である」ということです。多くの会社で「これ習慣になっていますか?」と尋ねると、「なっています」と答えるのは経営者だけです。ただそれも経営者という役割に限ることが多いのです。

誰も妻や子どもを人質に取られて会社に来ているのではなく、脅されて入社を決めたのでもありません。親のすすめや知人の紹介かもしれませんが、社会人として、自分が主体的に決めたことです。そして、その主体的に決めた責任をとるために毎日出社しているのです。

その質を高めればいいのです。自分が決めたことを毎日実行するうえで、さらに主体性を持った行動を支援するのです。社員が主体性を持った行動や決断をまず尊重してあげることも重要です。社員の領域を経営者は侵してはいけません。

つまり、社内マーケティングとは、社員たちを世界地図の真んなかにおいて、経営者は隅から応援するというスタイルです。経営者が決めたことも、社員が決めたことも、失敗するかもしれません。成長するために失敗をするのです。それなら経営者が失敗するより、社員に失敗してもらったほうがいいのではないでしょうか。

また、社員の機能価値を重んじるのではなく、存在価値を重んじてください。いつも失敗したり、失敗をごまかす社員に「君が入社してくれてよかった」と感謝の言葉を投げかけてください。すべての社員を尊敬して、すべての社員の主体性の結果の行動を支援できる体制づくりが必要です。

アドラー心理学と『7つの習慣』の影響を受けた私のライフスタイル

「惹き寄せるチカラ」を発見できたのもアドラー心理学と『7つの習慣』に出会ったおかげだと私は思います。

機能価値だけで生きてきた私は、存在価値の大切さを知りました。家庭が上手く行かないで経営が上手くできるわけがないことも『7つの習慣』で学びました。

機能価値だけで、ある程度の経営をすることは可能でしょう。しかし、どこかで壁にブチ当たったときには、機能価値だけでは世の中で対応できないでしょう。その理由は明確です。そこに人がいるからです。

上場企業や大手企業は、もちろん、機能価値の追求を行います。ビジネスですから当然のことです。しかし、それだけではマーケティングは通用しません。ユーザーは

「人」なのです。

一方、「小さな会社」が正面切って上場企業や大手企業に機能価値だけで対抗しても比較になりません。ですから、「存在価値を高めてピンポイントで機能価値を伸ばす」という企業文化を構築する必要性が生じます。

「小さいからできる」にフォーカスしてみてください。そこに希少価値が伴えば、あなたの会社はあなたの望む「良い会社」となっていきます。

戦略とは、「戦い」を「略す」と書くと伝えましたが、正しく小さな会社の経営者こそ、人生のかけがえのない時間をかけて、この戦略を考える必要があります。

なぜなら、従業員は、かけがえのない人生の貴重な時間、経営者であるあなたにしたがい時間を使っているからです。隅っこに会社への気持ちを持ち、自分が持っている最大限の勇気を出して挑戦を行うのです。

どうでしょう。小さな会社であれば、まず、社員は会社を愛してくれます。そして、世界地図の真んなかにユーザーや社会を置いて、自立した人間としてシナジーを活用して、人に選ばれる、役に立つ商品開発やサービスプログラム開発を行うことも、イノベーションを行うことも、不可能ではありません。

「あの人に仕事を頼みたい」、「あの商品をいつか購入したい」、「この問題だったらあの会社に頼もう」とユーザーに思わせることができれば、ある意味、右肩上がりの将来の成長を約束されたような会社になれます。

もちろん、世の中には、新たな課題や問題が発生することでしょう。その問題を受け入れ、チャンスにフォーカスし、高いEQを取得して、全社員が一丸になって挑戦ができれば、毎日が楽しくなります。

まるで、児童が「学校に行くと、花子先生やゆみちゃんに会える、だから学校大好き」と思うように、全社員が自社を愛することができれば、それを認めた価値のあるユーザーが顧客となり、固定客となっていくのです。

このような状態を目指すには、財政的にゆとりが必要になるかもしれません。財政的なゆとりは、経営者にとっても社員にとっても冷静でいられる条件かもしれません。必ずしも財政的にゆとりが感じられないときや、がむしゃらに営業を行わなければいけない時期はあるでしょう。ですが、それは成長の過程の一時期だと理解してください。

そして、そのときでも「惹き寄せるチカラ」を養う努力を行ってください。雲の下を飛行機が飛ぶと雨や台風などに見舞われます。やっぱり、いつでも晴天の雲の上を飛ぶ経営をするには、まず、雲の下から雲に突入して上昇させなければなりません。「いま、雲のなかだ！　いつか上に出られる」と思えば、辛くても頑張ることができます。

そういった状況をつくり出すためにブランディングがあり、ブランディングとは、毎日の業務から行うものです。「いつかあの会社と取引したい」と多くの人に思ってもらうには、「いつかあの会社で働きたい！」と地域の人々に思ってもらうには、ブランド力なのです。

「あの人は仕事ができるけど……」と思われる人には、存在価値が不足しています。「あの人は良い人だけど……」と思われる人には、機能価値が不足していますが、実は存在価値も低いケースが多く見受けられます。

存在価値を高めましょう。そうしていくと機能面も高まります。「あの人、仕事もできるけど、会うと楽しい」などと思ってもらえるような経営者であり、社員である必要があります。

企業のブランドも「人」なのです。そして、それは日々の活用によってなされるのです。つまり、「人」とどう関係していくのかが重要になります。

「惹き寄せるチカラ」とは「信頼」

「この会社は信頼できる」と思ってもらうには、「勇気」が必要です。それは、「一時的な利益を失う勇気」、つまり「覚悟」が必要になります。

例えば、決算で目標数値が若干不足している、売上予定に若干の不足があるといったようなとき、顧客が大切な友だちならば、ごまかしたり、無理やり数字をつくるようなことはしません。しかし、「計画通りにいかなかった」、「目標達成できなかった」という結果が残ります。そんなときに、信頼を得るための判断の選択が必要になります。目標達成対信頼獲得という図式ですね。

このときは、すべての判断や行動が正しいという考え方をもとに、友だちの幸せを優先した決断を行います。

どんなに顧客や環境が変わっても「正しい考え方で、誠実な行動をする」という信念のようなものがあれば、「臨機応変」に対応する必要はないのです。

多くの経営者や営業担当は、顧客から信用を得ようとします。ですから、顧客のことを考えず、顧客の抱えている問題点や課題も把握しようとせず、実績や機能価値を顧客に伝えます。つまり、顧客の声を聞こうとせず、自慢話をするのです。Webサイトでも同様です。

もちろん、顧客が判断できる点についてのみ顧客は反応します。ですから、実績を評価します。それは、それぐらいしか評価できる情報を顧客に提供していないからです。思わしく誇れる実績がないとか、創業間近だとかのときは、不足している実績の代わりに「仕事への情熱」を示します。「がんばります。だから信用してください」ですね。

「信用」と「信頼」は大きく異なります。「信用」は裏付けなどで限定されます。これがないと仕事を受注することも商品を販売することもできません。

しかし、「信頼」とは、無条件で「この人に頼む」と結果よりも気持ちにフォーカスした行為なのです。「あなたに頼むよ！　後悔はしないよ！」と言っているに等しいのです。いまのビジネス社会は信頼を勝ち取るゲームとなっているように感じます。

新型コロナで大打撃を受けた業種があります。営業自粛も社会のためなら仕方のないことになりますが、倒産や従業員の解雇などの辛い状況がその先に薄っすらと見えてきました。

もちろん、状況は違いますが、私は同じような光景を見たことがあります。私が社会に出たときは、グラフィックデザイナーをしていました。最初の頃は、ロットリングというペンでチラシなどのデザイン原稿を作成する仕事でした。

ラフ原稿に文字指定、色指定をして、写植や印刷用フィルムの制作会社に渡します。しかし、パソコンの普及でこの写植と印刷用フィルムが不要になりました。つまり、写植などの制作会社は廃業するしかなかったのです。

このように、時代の要請によって特定の事業に闇が訪れる結果となります。グーグルやアップルの躍進で闇に葬られた業種もたくさんあるでしょう。

今回の新型コロナウイルスでも、事業を変更、もしくは廃業せざるをえなかった経営者も多く存在するでしょう。

しかし、信頼があれば最悪の結果は免れたのではないでしょうか? 「こんなときだから」と友だちが支えてくれる。潰れる店がある一方で、そういった店舗も少なからず存在したでしょう。

ですから、言いわけは不要です。他人に何を言われようが、正しいことを黙々と行う毎日を送る経営者は、最終的に人を惹きつけます。

お金にフォーカスして生きると、最終的にお金に苦しめられます。それは、ほかの人生のタスクを犠牲にするからです。

文字では簡単に「正しいこと」と書きましたが、この意味は大変深いものがあります。人によっては正しくても、ほかの人にとっては正しくないこともたくさんあります。ですが、「信頼」という文字を透かしてみれば、それが自分にとって正しいのかを判断することはできると思います。この「信頼」こそ「惹き寄せるチカラ」です。

ですから、「惹き寄せるチカラ」というと「人間力のある人」、「周囲のために動く人」のように思えますが、自社を「良い会社」にするための手段なのです。

「惹き寄せるチカラ」は基本的には、「経営者自身が人生を楽しみ、毎日を大切に生きている」ということです。

そのためには、世界の一員として正しい考え方を学び、世界地図の中心に社員を置いて物事を考えて行動することです。お客様を中心において物事を考えて行動することです。

ほかと異なる考え方を持つことは、これからの世代の経営にはとても重要なことです。もちろん、そのベースには普遍的な原理原則や社会のためになるという価値観が必要になります。

新型コロナウイルスによって、世界中のすべての人が幸福でないと、いずれ自分も幸福ではなくなってしまうということが、理解できたのではないでしょうか。世界は小さくなっているのです。

インバウンドを頼りに旅館経営をしても、本当にアジアの人々を友だちとして受け入れたビジネスをしたのでしょうか。私には疑問です。

加えて、厳しい話ですが、需要と供給のバランスを見ると、同じようなビジネスが日本国内には多すぎるような気もします。生産性の面からも各国からかなり劣ります。

オリジナリティ（独創性）のないビジネスでは、これから生き残れないと私は考えます。そして、独自性を持った中小企業が増えないと日本の経済の将来も真っ暗なのではないでしょうか。

こういったことは、新型コロナウイルスの影響から、その実行速度が早まることが予想されます。そんなときでも、「惹き寄せるチカラ」を持つ人は、チャンスを摑めます。

アフターコロナ時代の「惹き寄せるチカラ」

新型コロナウイルスは、ご承知の通り人類の危機、世界経済を揺るがす大惨事です。この書籍が出版される予定である2021年春にはどうなっているのでしょう。私がこの本を書いているのは2020年11月のことです。

私は経済の専門家ではありません。

ですが、私の考える新型コロナウイルスにおける経済の混乱は、人類の経済システムの進化のための混乱だと考えます。もともとビジネスモデル改革・労働生産性向上の必要性があります。そのため新型コロナ禍に背中を押されDX（デジタルトランスフォーメーション）の速度を早めました。言い換えれば古い体質の経営ではこのコロナ禍の犠牲者（倒産）になるのではないでしょうか？　それは大企業から零細中小企業まで同様だと考えます。

犠牲者にならないための対応とは、どのようなことを行うべきなのでしょうか？　この経済の悪化は金融システムより先に実態経済に大打撃を与えたもので、そのうえ成長がさらに悪化して経営の継続が難しいとなれば、最後は「現預金」が重要になると私は考えます。

有利な資金なら借りられるだけ借りて、助成金を活用してでもサバイバルするのです。それらが犠牲者にならない特効薬ではないにしても重要な作業だと私は考えます。その副作用はＰＬ（損益計算書）の悪化となるのですが、状況によっては仕方のないことと諦めるべきです。何も失わないで犠牲者になることを避ける方法は見当たりません。そのときの経営者のスピーディーな決断が企業の生死を左右する状況になるかもしれません。

そして何よりこんなときに強い企業は付加価値の高い利率の高い企業になることは予想できます。営業キャッシュが生死を分けるといってもいいかもしれません。

利益率を高めるため固定費を削減するのはナンセンスで、マーケティングの再構築をおすすめします。もちろん、２０２１年は明るい経済の兆しが見えることを期待しています。

宗教信者に似たような内容の考え方もありますが、私はリアリスト（現実主義）なので、「自分のため」に「惹きつけるチカラ」を利用します。そして、中途半端な正義感を持って書いているわけではありません。

いまはフェラーリもフィアット傘下ですが、自動車業界においては、とても小さな会社です。ですから自社に有利な販売方法や価格設定ができるのです。逆にトヨタのようなフルエントリーされている商品構成の巨大自動車メーカーでは、超高級・オーダー生産などは実施しにくい状況でしょう。

フェラーリのビジネスモデルは小さな会社である利点を利用しています。自社の都合をマーケティングに活用して価値の材料にしています。

どんな環境でもチャンスを見出す前に企業は、大きな障害や問題に遭遇します。現状を受け入れ、前を向いた行動をすれば新型コロナウイルスの犠牲者になることはないでしょう。

大切なのは、テニスプレイヤー大坂なおみさんがボールを受ける前に左右上下に体を動かしているように、「どこからでも来いよ！」という変化に対応できる小さくても夢の大きな会社に育てることではないでしょうか。そして、惹き寄せるチカラを身につけてください。

「惹き寄せるチカラ」もマーケティングも生きるチカラで幸せになるチカラ

いつ問題や壁にブチ当たってもリフレーミングして、前向きに考え方を変えることができる力が、「惹き寄せるチカラ」のエネルギーとなります。変えられないことを見極め、与えられたものに対して挑戦をしていくことによりそのエネルギーはパワーを増します。

他人の考え方など変えられないものには、その人の望む生き方を認め、理解し、支援する生き方ができると「惹き寄せるチカラ」は高まります。

仏教の「利他の心」を判断基準にするのではなく、壁にボールを投げつけるように、誰かのために生きることが重要です。ほかとは違うことに違和感を持つのではなく、「自分は生かされている」ことにいつも感謝して生活をする経営者となるのです。

その会社が行うマーケティングは、社会に貢献（雇用や納税だけではない）して、友だちに愛されることを目的に行います。友だち以外には受け入れられないものであっても問題はありません。

一番問題なのは、周りを気にしたマーケティングです。流行や大手企業が行っていることを真似する必要はありません。目標設定や計画は必要ですが、そこに執着しないことです。

「エジプトでピラミッドを見たい！」

私の尊敬する経営者である株式会社アメニクスの久保田仁社長は、私に財務管理の重要性を教えてくれた人です。それは、サッカーでたとえると企業のディフェンスのようなもので、「ディフェンスは攻撃の出発地点だ」ということです。久保田さんが「苦労して会社を軌道に乗せた」、「年もとったので死ぬ前にピラミッドを見てみたい！」という思いからだと私は想像しました。

ですから、長いトランジットが複数あるであろうエジプトに「行く」と決めたときから旅が始まります。ドアを開けたらすぐにピラミッドがあるのでは価値がありません。「ピラミッドに行って帰ってくる」というプロセスが楽しいのです。そして、重要なのです。これをデジタルで臨場感のあるビッグスクリーンでバーチャル体験しても感動は得られないでしょう。コトをデジタルにしても意味がないのです。結果よりプロセスが重要だと私は考えます。達成感より充足感のほうを重要視したほうが毎日が楽しいのです。

「惹き寄せるチカラ」を持つ人は、与えられた条件のなか、他人のせいにすることなく、目標に向かって全力を振り絞ることもなく、ただ楽しいのです。「よくそこまでやるね！」と人に言われようが、黙々と自分の人生の大切な毎日を生きます。

そして、他人の時間も大切にします。上下の関係もつくらず、直接的に自己に利益があろうがなかろうが、わけ隔てなく対応します。

１００年前のアドラー心理学は、現在の会社経営やマーケティングに応用できます。『7つの習慣』は会社経営で社員を幸せにし、業績を高めることができると私は考えます。

時間に追われ、時間とお金に執着したこの世の中。それが常識だとすると常識へのアンチテーゼとなるのですが、人間の本質的な原理原則が「惹き寄せるチカラ」だと私は思います。

資本主義というスポットライトに照らされ周りが見えない経営者には、わかりづらいかもしれませんが、「そもそも組織とは、人々が集まり幸せになるためにある」、「そもそも組織とはこの世の中を幸せに生きていくためにある」と私は思うのです。

もちろん、前提に「仕事をしなければ生きていけない」ことがあるのは承知のうえです。それでも、幸せになるためには、まず人を幸せにすることが必要だと考えます。

数字を追いかけるより、宮沢賢治の「雨ニモマケズ」のように、おせっかいではなく、他人の目を気にせずに、自分にできることで人々に役立つために、誠実に仕事をしているほうが何よりも楽しく幸せを感じます。

その結果により、壁に投げたボールのように稀にボールがスピードを増して戻ってくるのです。しかし、目的は返ってきたときの利益を得ることではありません。企業の成長と利益は、何かの行動をしたときに他者が認めてくれたご褒美です。

また、ご褒美がもらえようがもらえまいが、自分の人生で自分の価値観にしたがっていれば毎日を幸せに生きられます。

「惹き寄せるチカラ」を養うとは、正しい考え方で自立した生き方のもと経営やビジネスを行い、自分の幸せを求めることです。そして、それによるマーケティングが、たまたま時代に合っているという話です。

このような常識を逸脱したような話は、「人間」を観察することで理解できると思います。すべては、人間が人間にアプローチすることから始まります。そこで、「そもそも人生とは?」、「そもそも企業とは?」と、〝そもそも〟を突き詰めていくと、「惹き寄せるチカラ」こそが、「良い会社をつくりたい!」と願う小さな会社に最も重要なマーケティングになるのだと私は考えています。

「正しい考え方」の項目でもお伝えしましたが、現在のすべてが「いまの最適化」なのです。

人間は進化します。その進化により、社会の価値観も変わるでしょう。当然、あなたの価値観も変わる部分があるでしょう。しかし、大切なのは過去でもないし、未来でもない。いまなのです。あなた自身に求められるのも「いまのあなたの行動」なのです。

困難に見舞われたり、悲しい出来事が起きた日でも「明日は今日と違う日がやって

くる」とゆっくりと寝てください。この言葉は、私がマニラに駐在しているとき、大

失敗して落ち込んでいるときに現地の友人が慰めとしてかけてくれたものです。

挑戦すれば、失敗します。数多く挑戦すれば、数多く失敗をします。しかし、そこ

には成長というご褒美があります。その充実感が幸福感に変わるとき、あなたは「幸

せのおすそ分け」ができるのです。

それが身につけば、仕事・家庭・遊び・社会という私が唱える人生のタスクで幸せ

を感じます。そして、会社経営の成長度もマーケティング力も高まるのです。

「小さな会社」である利点を最大限に活用して、「惹き寄せるチカラ」を高めてくだ

さい。私は死ぬまでこの「惹き寄せるチカラ」を高め続けたいと思っています。

あとがき

本書に書いたことは、私のライフスタイルから始まり、会社経営およびマーケティングについての概念や方法論を記載しました。読者の方々には、「こんな考え方もあるのだ」と感じてもらえれば幸いです。

18世紀のイギリスの自由主義経済学者、アダム・スミスが説いた分業制は、人類特有のシステムです。自分の得意なことで他とつながるのです。

この分業制には、需要と供給のバランスが必要です。しかし、それはゼロサムゲームではないのです。人類が生きるために編み出したシステムのうえで、私たちは進化を続け生活しています。そもそもは、幸せに生活をするためなのです。

しかし、その分業制の始まりは、「自分の得意なことでつながる」ということです。であるならば、このシステムはほかの人ではできないことでつながる必要があります。さらに自分の得意なことで社会に貢献するという図式になります。

言い換えれば自分の好きなことをしてほかとつながる上には、ほかが喜ぶモノ・コトでなければなりません。しかも、希少価値が重要になるのです。社会通念だけにライフスタイルを合わせるのではなく、内なる声にしたがい小さな会社の独自性を養ってほしいのです。

そして、私が特に小さな会社の経営者に伝えたいのは、まず、幸せな人生を創造していただきたいということ。この願いから本書を書きました。それが未熟なコンテンツメーカーとしての私の社会における役割だと感じたからです。

人間にはそれぞれの役割があります。経営者・夫・親・子ども・コンサルタント・社会人・日本人などなどが私にはあります。まず、その役割の持つ責任を果たしたいのが「子」という役割です。

私の両親ともすでに他界しましたが、「私を産んで良かった」と両親に感じてもらえるような生き方をする。それが私の「子」としての役割だと感じています。もちろん、ほかの役割でも責任を果たしたくバランスを保った毎日を送っています。この考え方ができたのも『7つの習慣』とアドラー心理学のおかげです。

私は、人生は「納得」だと考えています。お世話になった人々や妻子に「幸せになってもらうために十分生きた」と感じてもらえればいいと考えています。精一杯やってたとえ他者が認めてくれなくても、自分自身が納得できればそれでいいと考えています。人生は周囲の人や社会と共存しながら独り芝居を演じる時間だと考えています。

20代後半にアメリカ、ニュージャージー州に赴任して、イエローモンキーと言われながらも五木寛之さんが書いた幻冬舎発行の『大河の一滴』を読み、辛抱することを学びました。

その後、優秀ではない私ができることは、現状に耐え、一生懸命仕事をすることだとニュージャージーのアパートの窓からハドソン川の向こう岸にあるコロンビア大学の明かりを見ていました。

そして、仕事という機能面の向上に日々の人生のかけがえのない時間を使っていました。大きな失敗もしました。しかし、『7つの習慣』や『嫌われる勇気』、『幸せになる勇気』を読み込んでいくと、梯子を掛けた壁が間違っていたことに気づきました。

自分の得意分野で社会に貢献するという考え方は正しかったのかもしれません。でも、それだけでは不完全です。機能面だけを追求した人生では幸せを感じられません。「それだけの人生？」という疑問が生じました。そして私は「この世に生かされている存在だ」とも気づきました。

人生を楽しむために子どもの頃できなかったことや、若い頃、仕事に追われて断念したバイクの趣味なども復活しました。その大切な時間さえ妻のために気持ちよく割くこともできるようになりました。本を読むこと、自分の人生を考える時間を持つことは経営者の役割です。

昨年の6月に6時間に及ぶ頸動脈の手術を心細さのなか見守ってくれた妻にどう感謝を示せばいいのかを考えることもできました。そして、彼女の一番の理解者でありたいと思いました。

私からすると経営者は、意図もせず経営という雇い主の奴隷のように働いているように見えます。正直私もそんな時期がありました。

私はこのようなワーカーホリック的人生を望みません。以前の私は、大切な家族に犠牲を強い、経営を行う自分の時間こそが家族を幸せに導いているように勘違いしていました。

いま、私は自分の人生のうえに経営があると考えます。ですから、小さな会社の経営者の方々には自分の時間を大切にしたうえで経営をしてほしいのです。壁に梯子を間違って掛けてほしくないのです。そんな念《おもい》で、書籍を書き上げるためにパソコンのキーボードを叩きました。

多くの方々の理解により、私たちは、幸せな気分で仕事をさせていただいておりま す。そして、納得のいく人生を送れています。そして、さらなるチャレンジを温かな目で応援していただいています。

そのチャレンジの一つが2冊目となる本書の発行です。

今回は幻冬舎ルネッサンス新社の竹内友恵様をはじめ、編集のスタッフ様には、私の書き上げた未熟な原文を信じられないほどの読みやすい文脈に変えるご提案をいただき心から感謝しております。

また、本書にあるように多くのことを教えていただいたクライアントをはじめ、悩める仲間である経営者様には、この場を借りて深く感謝いたします。

そして、現代を生きるすべての方々に感謝します。

参考文献

『嫌われる勇気――自己啓発の源流「アドラー」の教え』岸見一郎・古賀史健（著）ダイヤモンド社

『完訳　7つの習慣――人格主義の回復』スティーブン・R・コヴィー（著）フランクリン・コヴィー・ジャパン（翻訳）キングベアー出版

『幸せになる勇気――自己啓発の源流「アドラー」の教えⅡ』岸見一郎・古賀史健（著）ダイヤモンド社

『「原因」と「結果」の法則』ジェームズ・アレン（著）坂本貢一（翻訳）サンマーク出版

『マネジメント【エッセンシャル版】基本と原則』ピーター・F・ドラッカー（著）上田惇生（編訳）ダイヤモンド社

『Market Your Way to Growth: 8Ways to Win』Philip Kotler・Milton Kotler（著）Wiley

『大河の一滴』五木寛之（著）幻冬舎

『人を動かす』デール・カーネギー（著）山口博（翻訳）創元社

『EQ　こころの知能指数』ダニエル・ゴールマン（著）土屋京子（翻訳）講談社

『5秒ルール――直感的に行動するためのシンプルな法則』メル・ロビンズ（著）福井久美子（翻訳）東洋館出版社
『想いが通じる遺言書の書き方――あなたは誰に財産を託しますか?』堀田力（監修）大沢利充（著）ＰＨＰ研究所

〈著者紹介〉
籔田 博大（やぶた ひろお）
1959年東京都生まれ。
29歳から海外派遣により40代中盤まで米国と東南アジアでICT会社の分析官後、アジア極東地区のマーケティングの担当責任者。
2011年ウェブ制作会社株式会社エイ・ティ・エフ創業
2017年経済産業省認定、経営革新等支援機関の民間コンサルティング部門として認定され経営コンサルティング部門に進出。

惹《ひ》き寄《よ》せるチカラ
小《ちい》さな会社《かいしゃ》の経営者《けいえいしゃ》のための、人間主義《にんげんしゅぎ》マーケティング

2021年3月19日　第1刷発行

著　者　　籔田 博大
発行人　　久保田貴幸

発行元　　株式会社 幻冬舎メディアコンサルティング
〒151-0051　東京都渋谷区千駄ヶ谷4-9-7
電話　03-5411-6440（編集）

発売元　　株式会社 幻冬舎
〒151-0051　東京都渋谷区千駄ヶ谷4-9-7
電話　03-5411-6222（営業）

印刷・製本　シナジーコミュニケーションズ株式会社
装　丁　　三浦文我

検印廃止

Printed in Japan
ISBN 978-4-344-93163-3　C0034
幻冬舎メディアコンサルティング HP
http://www.gentosha-mc.com/